本書の特色と使い方

とてもゆっくりていねいに、段階を追った読解学習ができます。

・一シートの問題量を少なくして、ゆったりとした紙面構成で、読み書きが苦手な子どもでも、ゆっくりていねいに段階を追って学習することができます。
・漢字が苦手な子どもでも学習意欲が減退しないように、問題文の全てをかな文字で記載しています。

児童の個別学習の指導にも最適です。

・文学作品や説明文の読解の個別指導にも最適です。
・読解問題を解くとき、本文を二回読むようにご指導ください。その後、問題文をよく読み、本文から答えを見つけます。

光村図書・東京書籍・教育出版国語教科書などから抜粋した物語・説明文教材、ことば・文法教材の問題などを掲載しています。

・教科書掲載教材を使用して、授業の進度に合わせて予習・復習ができます。
・三社の優れた教科書教材を掲載しています。ぜひご活用ください。

どの子も理解できるよう、長文は短く切って掲載しています。

・長い文章の読解問題の場合は、読みとりやすいように、問題文を二つなどに区切って、問題文と設問に1、2…と番号をつけ、短い文章から読みとれるよう配慮しました。
・読解のワークシートでは、設問の中で着目すべき言葉に傍線（サイドライン）を引いておきました。
・記述解答が必要な設問については、答えの一部をあらかじめ解答欄に記載しておきました。

学習意欲をはぐくむ工夫をしています。

・できるだけ解答欄を広々と書きやすいよう配慮しています。
・内容を理解するための説明イラストなども多数掲載しています。
・イラストは色塗りなども楽しめます。

ワークシートの解答例について（お家の方や先生方へ）

本書の解答は、あくまでもひとつの「解答例」です。お子さまに取り組ませる前に、必ず指導される方が問題を解いてください。指導される方の作られた解答をもとに、お子さまの多様な考えに寄り添って〇つけをお願いします。

もっと　ゆっくり　ていねいに学べる

読解ワーク　基礎編

（光村図書・東京書籍・教育出版の教科書教材などより抜粋）

詩　物語　説明文　ずい筆　俳句

目《もく》次《じ》　3-①

詩　どきん …… 4
物語　きつつきの商売 …… 5
説明文　こまを楽しむ …… 11
物語　まいごのかぎ …… 14
詩　わたしと小鳥とすずと …… 25
詩　夕日がせなかをおしてくる …… 26
物語　すいせんのラッパ …… 27
説明文　自然《しぜん》のかくし絵 …… 31
ずい筆　本は友だち――心の養分《ようぶん》 …… 34
詩　紙ひこうき …… 36
物語　サーカスのライオン …… 37
詩　かえるのぴょん …… 44
説明文　うめぼしのはたらき …… 45
説明文　めだか …… 47
俳句　俳句《はいく》を楽しもう …… 51

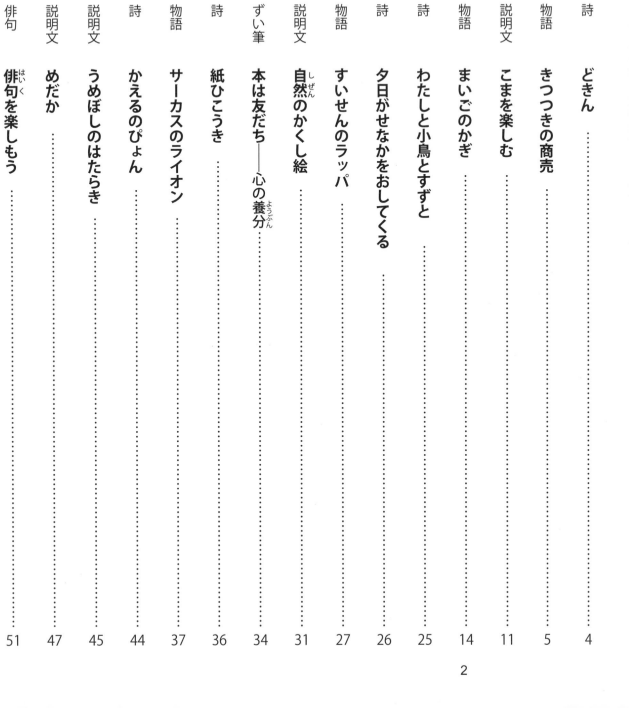

言葉

国語辞典《じてん》を使おう　57
漢字《かんじ》の音《おん》と訓《くん》　63
漢字の音と訓――送りがな　74
手紙の書き方・あて名の書き方　76
こそあど言葉《ことば》　83
漢字の組み立て　89
ローマ字　97
解答例　108

どきん

名前

● 次《つぎ》の詩《し》を二回《にかい》読《よ》んで、答《こた》えましょう。

どきん

谷川《たにかわ》　俊太郎《しゅんたろう》

さわってみようかなあ　つるつる
おしてみようかなあ　ゆらゆら
もすこしおそうかなあ　ぐらぐら
もいちどおそうかなあ　がらがら
たおれちゃったよなあ　㋐えへへ
いんりょくかんじるねえ　みしみし
ちきゅうはまわってるう　ぐいぐい
かぜもふいてるよお　そよそよ
あるきはじめるかあ　ひたひた
だれかがふりむいた！　どきん

（令和二年度版　光村図書　国語　三上　わかば　谷川　俊太郎）

(1) 上《うえ》の詩《し》の中《なか》で、次《つぎ》の文《ぶん》につづく様子《ようす》を表《あらわ》す言葉《ことば》を書《か》きましょう。

① さわってみようかなあ

② もすこしおそうかなあ

③ かぜもふいてるよお

(2) ㋐えへへは、どんなときに使《つか》われていますか。○をつけましょう。

（　）いんりょくかんじるねえのとき。
（　）あるきはじめるかあのとき。
（　）たおれちゃったよなあのとき。

(3) さいごの「どきん」は、どんな気持《きも》ちを表《あらわ》していると思《おも》いますか。あなたの考《かんが》えを書《か》いてみましょう。

きつつきの商売《しょうばい》（1）

名前

● 次《つぎ》の文章《ぶんしょう》を二回《にかい》読《よ》んで、答《こた》えましょう。

1

きつつきが、お店《みせ》を開《ひら》きました。

㋐それはもう、きつつきにぴったりのお店《みせ》です。

2

きつつきは、森中《もりじゅう》の木《き》の中《なか》から、えりすぐりの木《き》を見《み》つけてきて、かんばんをこしらえました。

※えりすぐり…よく考《かんが》えて　えらんだよいもの。よりすぐり。

※こしらえる…形《かたち》のあるものを　作《つく》る。

（令和二年度版　光村図書　国語　三上　わかば　林原《はやしばら》　玉枝《たまえ》）

1

(1) お店《みせ》を開《ひら》いたのはだれですか。

(2) ㋐それは、どんなお店《みせ》ですか。

［　　　　］に［　　　　］のお店《みせ》。

2

(1) きつつきは、森中《もりじゅう》の木《き》の中《なか》から、何《なに》を見《み》つけてきましたか。○をつけましょう。

（　）えりすぐりの木《き》

（　）きつつきの木《き》

(2) きつつきは、見《み》つけてきた木《き》で、何《なに》をこしらえましたか。

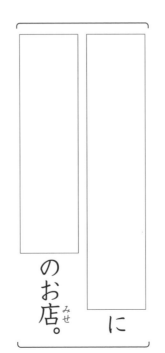

きつつきの商売《しょうばい》 (2)

名前

● 次《つぎ》の文章《ぶんしょう》を二回《にかい》読《よ》んで、答《こた》えましょう。

1

㋐かんばんにきざんだ
お店《みせ》の名前《なまえ》は、こうです。

おとや

それだけでは、
なんだか分《わ》かりにくいので、
きつつきは、その後《あと》に、
こう書《か》きました。

2

「できたての音《おと》、
すてきないい音《おと》、
㋑お聞《き》かせします。
四分音符《しぶおんぷ》一《いっ》こにつき、
どれでも百《ひゃく》リル。」

（令和二年度版　光村図書　国語　三上　わかば　林原《はやしばら》　玉枝《たまえ》）

1

(1) ㋐かんばんにきざんだと同《おな》じことをあらわすものに○をつけましょう。

(　)かんばんを小《ちい》さく切《き》って、ならべた。

(　)きつつきが、くちばしを使《つか》って、かんばんにほりつけた。

(2) お店《みせ》の名前《なまえ》は、何《なん》ですか。

2

(1) どんな音《おと》を、㋑お聞《き》かせします。と書《か》いていますか。二《ふた》つ書《か》きましょう。

(2) 四分音符《しぶおんぷ》一《いっ》こにつき、いくらですか。

きつつきの商売《しょうばい》 (3)

名前

● 次《つぎ》の文章《ぶんしょう》を二回《にかい》読《よ》んで、答《こた》えましょう。

1

あ「へええ。どれでも百《ひゃく》リル。
どんな音《おと》があるのかしら。」
そう言《い》って、ア まっさきに
やって来《き》たのは、
茶色《ちゃいろ》い耳《みみ》をぴんと立《た》てた
野《の》うさぎでした。

2

野《の》うさぎは、きつつきの
さし出《だ》したメニューを
じっくりながめて、
メニューのいちばんはじっこを
ゆびさしながら、
「これにするわ。」
と言《い》いました。

（令和二年度版　光村図書　国語　三上　わかば　林原《はやしばら》　玉枝《たまえ》）

1

(1) あの言葉《ことば》を言《い》ったのは、だれですか。

(2) アまっさきと、同《おな》じことをあらわす言葉《ことば》に、○をつけましょう。

（　）さいしょ。いちばん先《さき》。

（　）さいご。いちばんあと。

2

(1) 野《の》うさぎは、きつつきのさし出《だ》したメニューを、どんなふうにながめましたか。○をつけましょう。

（　）さっとながめた。

（　）じっくりながめた。

(2) 野《の》うさぎは、メニューのはじっこをゆびさしながら、何《なん》と言《い》いましたか。

きつつきの商売《しょうばい》 (4)

名前

● 次《つぎ》の文章《ぶんしょう》を二回《にかい》読《よ》んで、答《こた》えましょう。

1

登場人物《とうじょうじんぶつ》　きつつき・野《の》うさぎ

ぶなの音《おと》です。

あ「四分音符分《しぶおんぷぶん》、
ちょうだい。」

い「しょうちしました。
では、
どうぞこちらへ。」

2

きつつきは、
野《の》うさぎをつれて、
ぶなの森《もり》にやって来《き》ました。
それから、野《の》うさぎを、
大《おお》きなぶなの木《き》の下《した》に
立《た》たせると、ア自分《じぶん》は、
木《き》のてっぺん近《ちか》くのみきに
止《と》まりました。

（令和二年度版　光村図書　国語　三上　わかば　林原《はやしばら》　玉枝《たまえ》）

1

(1) 何《なん》の音《おと》を、あ「四分音符分《しぶおんぷぶん》、ちょうだい。」と言《い》っていますか。

□□ の音《おと》

(2) あといの言葉《ことば》は、だれが言《い》った言葉《ことば》ですか。

あ □□□□

い □□□□

2

(1) きつつきは、野《の》うさぎをつれて、どこにやって来《き》ましたか。

(2) きつつきは、野《の》うさぎを、どこに立《た》たせましたか。

(3) ア自分《じぶん》は、だれのことですか。○をつけましょう。

（　）野《の》うさぎ

（　）きつつき

きつつきの商売《しょうばい》 (5)

名前

● 次《つぎ》の文章《ぶんしょう》を二回《にかい》読《よ》んで、答《こた》えましょう。

1

登場人物《とうじょうじんぶつ》　きつつき・野《の》うさぎ

あ「さあ、いきますよ、
いいですか。」
きつつきは、木《き》の上《うえ》から
声《こえ》をかけました。
野《の》うさぎは、
きつつきを見上《みあ》げて、
こっくりうなずきました。

2

い「では。」
きつつきは、
ぶなの木《き》のみきを、
くちばしで
力《ちから》いっぱい　たたきました。

（令和二年度版　光村図書　国語　三上　わかば　林原《はやしばら》　玉枝《たまえ》）

1

(1) あの言葉《ことば》は、①だれが、②だれに言《い》った言葉《ことば》ですか。

① だれ（が）

[　　　　] が

② だれ（に）

[　　　　] に言《い》った言葉《ことば》。

(2) きつつきと野《の》うさぎは、どこにいますか。――線《せん》でつなぎましょう。

きつつき　・　　・　木《き》の下《した》

野《の》うさぎ　・　　・　木《き》の上《うえ》

2

(1) いはだれが言《い》った言葉《ことば》ですか。

[　　　　]

(2) きつつきは、ぶなの木《き》のみきを、何《なに》で力《ちから》いっぱいたたきましたか。

[　　　　]

きつつきの商売《しょうばい》 (6)

名前

● 次《つぎ》の文章《ぶんしょう》を二回《にかい》読《よ》んで、答《こた》えましょう。

登場人物《とうじょうじんぶつ》　きつつき・野《の》うさぎ

㋐コーン。
ぶなの木《き》の音《おと》が、ぶなの森《もり》に
こだましました。
野《の》うさぎは、きつつきを
見上《みあ》げたまま、
だまって㋑聞《き》いていました。
きつつきも、うっとり㋒聞《き》いて
いました。
四分音符分《しぶおんぷぶん》よりも、
うんと長《なが》い時間《じかん》が
すぎてゆきました。

※こだま…声《こえ》や音《おと》が山《やま》や谷《たに》にぶつかり、はねかえって聞《き》こえること。

（令和二年度版　光村図書　国語　三上　わかば　林原《はやしばら》　玉枝《たまえ》）

(1) ㋐コーン。は何《なん》の音《おと》ですか。

［　　］の木《き》の音《おと》。

(2) ぶなの木《き》の音《おと》を、野《の》うさぎは、どんなようすで㋑聞《き》いていましたか。

きつつきを見上《みあ》げたまま、
［　　　　］聞《き》いていました。

(3) ぶなの木《き》の音《おと》を、きつつきは、どんなようすで㋒聞《き》いていましたか。

［　　　　］聞《き》いていました。

(4) どれぐらいの時間《じかん》が、すぎてゆきましたか。○をつけましょう。

（　）四分音符分《しぶおんぷぶん》よりも、うんと長《なが》い時間《じかん》。
（　）四分音符《しぶおんぷ》と同《おな》じ長《なが》さの時間《じかん》。

こまを楽《たの》しむ (1)

名前

● 次《つぎ》の文章《ぶんしょう》を二回読《にかいよ》んで、答《こた》えましょう。

1

さか立《だ》ちごまは、
とちゅうから
回《まわ》り方《かた》がかわり、
その動《うご》きを楽《たの》しむこまです。
このこまは、ボールのような
丸《まる》いどうをしています。

※どう…物《もの》の真《ま》ん中《なか》の部分《ぶぶん》。

2

指《ゆび》で心《しん》ぼうをつまんで、
いきおいよく回《まわ》すと、
はじめは
ふつうに回《まわ》るのですが、
回《まわ》っていくうちに、
だんだん
かたむいていきます。
そして、さいごは、
さかさまにおき上《あ》がって
回《まわ》ります。

（令和二年度版　光村図書　国語　三上　わかば　安藤《あんどう》　正樹《まさき》）

1

(1) とちゅうから回《まわ》り方《かた》がかわるのは、何《なん》というこまですか。

[　　　　]ごま

(2) このこまのどうは、どんな形《かたち》をしていますか。

[　　　　]のような丸《まる》い形《かた》ち。

2

(1) さか立《だ》ちごまは、とちゅうから回《まわ》り方《かた》がかわります。回《まわ》る様子《ようす》を、①②③に書《か》きましょう。

① はじめは
[　　　　]に回《まわ》る。

② とちゅう
だんだん[　　　　]いきます。

③ さいごは
[　　　　]おき上《あ》がって回《まわ》ります。

こまを楽《たの》しむ　(2)

名前

● 次《つぎ》の文章《ぶんしょう》を二回《にかい》読《よ》んで、答《こた》えましょう。

1

曲《きょく》ごまは、曲芸《きょくげい》で使《つか》われ、おどろくような所《ところ》で回《まわ》して、見《み》る人《ひと》を楽《たの》しませるこまです。曲《きょく》ごまは、心《しん》ぼうが鉄《てつ》でできていて、広《ひろ》く平《たい》らなどうをしています。

※曲芸《きょくげい》…ふつうの人《ひと》にはできない芸《げい》

2

ほかのこまとくらべ、安定《あんてい》したつくりになっているので、あまりゆれることがありません。台《だい》の上《うえ》で手《て》を使《つか》って回《まわ》し、そこから細《ほそ》い糸《いと》の上《うえ》や、ぼうの先《さき》のような㋐回《まわ》しにくい所《ところ》へうつしかえて回《まわ》しつづけます。

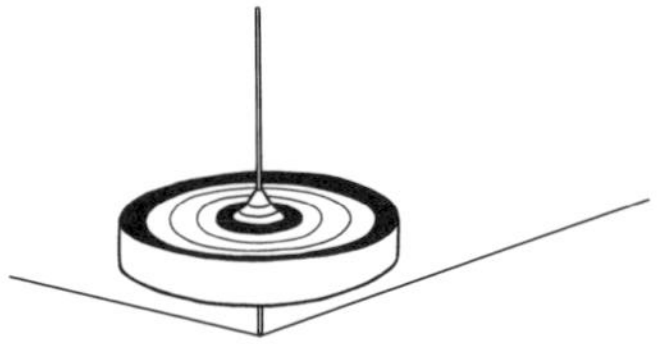

（令和二年度版　光村図書　国語　三上　わかば　安藤《あんどう》　正樹《まさき》）

1

(1) 曲芸《きょくげい》で使《つか》われるこまを、何《なん》と言《い》いますか。

［　　　　］

(2) このこまの心《しん》ぼうは、何《なに》でできていますか。

［　　　　］

2

(1) 曲《きょく》ごまは、ほかのこまとくらべ、どんなつくりになっていますか。

［　　　　］つくり。

(2) ㋐回《まわ》しにくい所《ところ》とは、どんなところですか。二《ふた》つ書《か》きましょう。

［　　　　］の上《うえ》。

［　　　　］の先《さき》。

こまを楽《たの》しむ (3)

名前

● 次《つぎ》の文章《ぶんしょう》を二回《にかい》読《よ》んで、答《こた》えましょう。

1

ずぐりは、雪《ゆき》の上《うえ》で回《まわ》して楽《たの》しむこまです。ふつうのこまは、心《しん》ぼうが細《ほそ》いので、雪《ゆき》の上《うえ》で回《まわ》すことはできません。いっぽう、ずぐりは、雪《ゆき》の上《うえ》で回《まわ》して遊《あそ》ぶことができるように、㋐心《しん》ぼうの先《さき》が太《ふと》く、丸《まる》く作《つく》られています。

2

まず、雪《ゆき》に小《ちい》さなくぼみを作《つく》り、わらでできたなわを使《つか》って、㋑その中《なか》になげ入《い》れて回《まわ》します。雪《ゆき》がふってもこまを回《まわ》したいという人々《ひとびと》の思《おも》いから、ずぐりは㋒長《なが》く親《した》しまれてきました。

（令和二年度版　光村図書　国語　三上　わかば　安藤《あんどう》　正樹《まさき》）

1

(1) 雪《ゆき》の上《うえ》で回《まわ》して楽《たの》しむこまを何《なん》と言《い》いますか。

□□□

(2) ずぐりの、㋐心《しん》ぼうの先《さき》が太《ふと》く、丸《まる》く作《つく》られているのは、なぜですか。

□の上《うえ》で□遊《あそ》ぶことができるように。

2

(1) ㋑その中《なか》とは、どこですか。あてはまるものに○をつけましょう。

（　）わらでできたなわの中《なか》。

（　）雪《ゆき》に作《つく》った小《ちい》さなくぼみの中《なか》。

(2) ずぐりが、㋒長《なが》く親《した》しまれてきたのは、なぜですか。

□がふっても□を回《まわ》したいという□の思《おも》いから。

まいごのかぎ (1)

次《つぎ》のあらすじを二回《にかい》読《よ》みましょう。

名前

　海《うみ》ぞいの町《まち》で、りいこがふしぎなかぎをひろったお話《はなし》です。
りいこは、しょんぼりしながら、学校《がっこう》からかえるとちゅうに、
ちらっと光《ひか》るこがね色《いろ》のかぎをみつけました。
落《お》とし物《もの》のかぎだと思《おも》ったりいこは、
海《うみ》べの交番《こうばん》にそのかぎをとどけようと、坂《さか》を下《くだ》り始《はじ》めました。
　通《とお》りぞいの、大《おお》きなさくらの木《き》のねもとにかぎあなをみつけました。
りいこは、そこにかぎをさしこんでみました。
すると、さくらの木《き》につぼみがつき、
ふくらんだと思《おも》ったら、どんぐりがふってきました。
りいこがあわててかぎをぬくと、さくらの木《き》は葉《は》ざくらにもどりました。
　さらに坂《さか》を下《くだ》っていくと公園《こうえん》があります。
こんどは公園《こうえん》のベンチの手《て》すりに、かぎあなをみつけました。
かぎをさしてみると、ベンチは、大《おお》きな犬《いぬ》のように
日《ひ》かげからのそのそと歩《ある》きだし、
公園《こうえん》のまん中《なか》の日《ひ》だまりにねそべって、
ねいきを立《た》てはじめました。
りいこがびっくりしてかぎをぬきとると、
ベンチはうらめしそうに、元《もと》いた所《ところ》に帰《かえ》っていきました。
　さらに坂《さか》を下《くだ》ると、道《みち》のわきにあみが立《た》ててあり、
あじの開《ひら》きがならべてありました。ひものを作《つく》っているのです。
その中《なか》の一《いっ》ぴきにかぎあなをみつけたので、かぎをさしこんでみると、
あじの開《ひら》きがはばたきはじめ、うかび上《あ》がりました。
りいこが、あわててとびつきかぎをぬくと、
開《ひら》きは、元《もと》のあみの上《うえ》にぽとりと落《お》ちました。
　わたし、よけいなことばかりしてしまう。と、りいこは、
悲《かな》しくなりました。早《はや》く、かぎを交番《こうばん》にとどけようと思《おも》いました。

まいごのかぎ (2)

名前

●次《つぎ》の文章《ぶんしょう》を二回《にかい》読《よ》んで、答《こた》えましょう。

登場人物《とうじょうじんぶつ》　りいこ

海岸通《かいがんどお》りを
いそぎはじめたとき、
ふとバスていのかんばんが
目《め》に入《はい》りました。
「バス」という字《じ》の「バ」の点《てん》が、
なぜか三《みっ》つあるのです。
その一《ひと》つが、
かぎあなに見《み》えました。

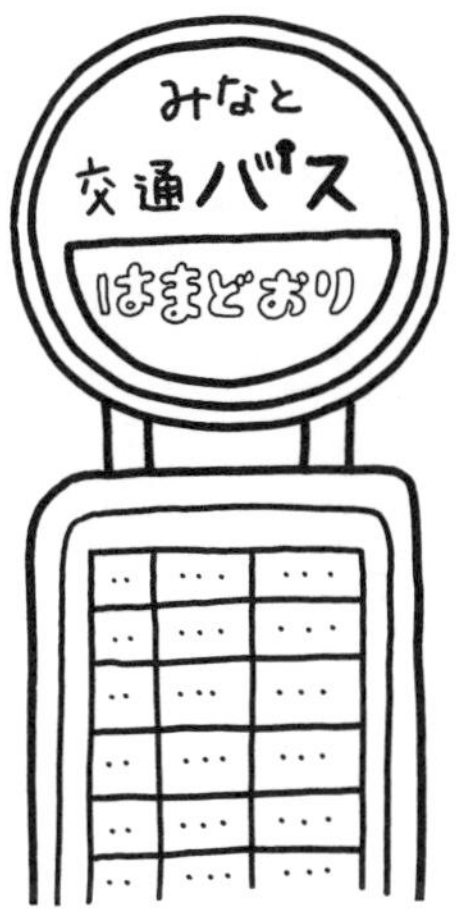

※ふと…何《なん》の気《き》なしに。ふいに。急《きゅう》に。

（令和二年度版　光村図書　国語　三上　わかば　斉藤《さいとう》　倫《りん》）

(1) 海岸通《かいがんどお》りをいそぎはじめたのは、だれですか。

（　）りいこ

（　）バス

(2) ふと、何《なに》が目《め》に入《はい》りましたか。

バスていの［　　　　］

(3) 「バス」という字《じ》の「バ」の点《てん》の一《ひと》つが、何《なに》に見《み》えましたか。

［　］［　］［　］［　］

まいごのかぎ (3)

名前

● 次《つぎ》の文章《ぶんしょう》を二回《にかい》読《よ》んで、答《こた》えましょう。

バスていのかんばんの「バス」という字《じ》の「バ」の点《てん》の一《ひと》つが、かぎあなに見《み》えました。

1

「どうしよう。」
りいこは㋐まよいました。
よけいなことはやめよう。
そう思《おも》ったばかりです。
㋑そのとき、点《てん》の一《ひと》つが、
ぱちっと
またたきました。

※またたく…きらめく

2

「これで、㋒さいごだからね。」
いつしかりいこは、
かんばんの前《まえ》で
せのびをしていました。
カチンと音《おと》がして、
かぎが回《まわ》りました。
［㋓］、何《なに》もおこりません。

（令和二年度版　光村図書　国語　三上　わかば　斉藤《さいとう》　倫《りん》）

1

(1) りいこは、何《なに》を㋐まよいましたか。
○をつけましょう。
（　）かぎをさすかささないかをまよった。
（　）交番《こうばん》に行《い》く道《みち》をまよった。

(2) ㋑そのとき、点《てん》の一《ひと》つが、何《なに》をしましたか。文《ぶん》の言葉《ことば》で書《か》きましょう。

ぱちっと［　　　　］ました。

2

(1) 何《なに》が㋒さいごなのですか。
○をつけましょう。
（　）かんばんの前《まえ》で、せのびをすること。
（　）かぎあなに、かぎをさしてみること。

(2) ［㋓］に入《はい》る言葉《ことば》に、○をつけましょう。
（　）それから
（　）ところが

まいごのかぎ　(4)

名前

● 次《つぎ》の文章《ぶんしょう》を二回《にかい》読《よ》んで、答《こた》えましょう。

バスていのかんばんのかぎあなに、かぎをさして回《まわ》してみましたが何《なに》もおこりません。

　ほっとしたような、
がっかりしたような気持《きも》ちで、
バスの時《じ》こく表《ひょう》を見《み》て、
りいこは㋐「あっ。」と
言《い》いました。
数字《すうじ》が、ありのように、
ぞろぞろ動《うご》いているのです。
五《ご》時《じ》九十《きゅうじゅう》二《に》分《ふん》とか、
四十六《よんじゅうろく》時《じ》八百七分《はっぴゃくななふん》とか、
㋑とんでもない
とうちゃく時間《じかん》に
なっています。

（令和二年度版　光村図書　国語　三上　わかば　斉藤《さいとう》　倫《りん》）

(1) りいこは、どんな気持《きも》ちで、バスの時《じ》こく表《ひょう》を見《み》ましたか。

[　　　　] したような、
[　　　　] した
ような気持《きも》ち。

(2) りいこは、なぜ㋐「あっ。」と言《い》いましたか。

数字《すうじ》が、
[　　　　] のように、
[　　　　]
動《うご》いているから。

(3) ㋑とんでもないとうちゃく時間《じかん》
二《ふた》つに○をつけましょう。

（　）五《ご》時《じ》九十《きゅうじゅう》二《に》分《ふん》
（　）十《じゅう》時《じ》三十八分《さんじゅうはちふん》
（　）四十六《よんじゅうろく》時《じ》八百七分《はっぴゃくななふん》

まいごのかぎ ⑸

名前

● 次《つぎ》の文章《ぶんしょう》を二回《にかい》読《よ》んで、答《こた》えましょう。

時《じ》こく表《ひょう》の数字《すうじ》が動《うご》いて、とんでもないとうちゃく時間《じかん》になっています。

1

「すごい。」
りいこは、目《め》をかがやかせました。
でも、すぐに、
わくわくした自分《じぶん》が
㋐いやになりました。

2

りいこは、かぎを
ぬきとりました。
「㋑あれ。どうして。」
時《じ》こく表《ひょう》の数字《すうじ》は、
元《もと》には、もどりませんでした。

（令和二年度版　光村図書　国語　三上　わかば　斉藤《さいとう》　倫《りん》）

1

(1) りいこが、目《め》をかがやかせたのはなぜですか。○をつけましょう。

（　）時《じ》こく表《ひょう》の数字《すうじ》が動《うご》いて、とんでもないとうちゃく時間《じかん》になったから。

（　）バスが時間通《じかんどお》りにとうちゃくしたから。

(2) りいこは、すぐに、何《なに》が㋐いやになりましたか。

［　　　　　　　　］

2

(1) りいこは、なぜかぎをぬきとりましたか。○をつけましょう。

（　）かぎを落《お》とした人《ひと》にかえすため。

（　）時《じ》こく表《ひょう》の数字《すうじ》を元《もと》にもどすため。

(2) りいこは、なぜ「㋑あれ。どうして。」と言《い》ったのですか。

［　　　　］の［　　　　］が元《もと》には、もどらなかったから。

まいごのかぎ (6)

名前

● 次《つぎ》の文章《ぶんしょう》を二回《にかい》読《よ》んで、答《こた》えましょう。

りいこは、かぎをぬきとりましたが、時《じ》こく表《ひょう》の数字《すうじ》は、元《もと》にはもどりませんでした。

1

りいこは㋐こわくなって、
にげるように
かけだしました。
交番《こうばん》のある方《ほう》へ
すなはまを横切《よこぎ》ろうと、
石《いし》だんを下《お》りかけると、
国道《こくどう》のずっと向《む》こうから、
車《くるま》の音《おと》が聞《き》こえてきます。

2

ふり向《む》くと、
バスが十何台《じゅうなんだい》も、
おだんごみたいに
ぎゅうぎゅうになって、
やって来《く》るのです。

（令和二年度版　光村図書　国語　三上　わかば　斉藤《さいとう》　倫《りん》）

1

(1) りいこは、なぜ㋐こわくなったのですか。○をつけましょう。

（　）かぎをぬきとったのに時《じ》こく表《ひょう》の数字《すうじ》が、元《もと》にもどらなかったから。

（　）交番《こうばん》に行《い》かないといけなかったから。

(2) 車《くるま》の音《おと》はどこから聞《き》こえてきますか。

2

(1) バスが十何台《じゅうなんだい》も、どんな様子《ようす》でやって来《き》ましたか。文中《ぶんちゅう》から書《か》き出《だ》しましょう。

［　　　］みたいに
［　　　］に
なって、やって来《く》るのです。

まいごのかぎ (7)

名前

● 次《つぎ》の文章《ぶんしょう》を二回《にかい》読《よ》んで、答《こた》えましょう。

バスが十何台《じゅうなにだい》もぎゅうぎゅうになって、やって来《く》るのです。

1

「㋐わたしが、時《じ》こく表《ひょう》をめちゃくちゃにしたせいだ。」

どうしよう。

もう、㋑交番《こうばん》にも行《い》けない。

おまわりさんにしかられる。

登場人物《とうじょうじんぶつ》 りいこ

2

りいこは、かぎをぎゅっとにぎりしめて、㋒立《た》ちすくんでしまいました。

（令和二年度版 光村図書 国語 三上 わかば 斉藤《さいとう》 倫《りん》）

1

(1) りいこは、バスが十何台《じゅうなんだい》もやってきたのは ㋐わたしが 何《なに》をしたせいだと言《い》っていますか。

[　　　　] を めちゃくちゃにしたせいだ。

(2) りいこは、なぜ、㋑交番《こうばん》にも行《い》けない。と思《おも》ったのですか。

[　　　　]

2

(1) ㋒立《た》ちすくんでと同《おな》じ意味《いみ》を表《あらわ》す文《ぶん》に〇をつけましょう。

（　）手《て》を広《ひろ》げて、人《ひと》が通《とお》れないように立《た》つこと。

（　）おどろきやおそろしさで、立《た》ったまま動《うご》けなくなること。

(2) りいこは、何《なに》をぎゅっとにぎりしめましたか。

まいごのかぎ (8)

名前

● 次《つぎ》の文章《ぶんしょう》を二回《にかい》読《よ》んで、答《こた》えましょう。

1

㋐きみょうなことは、さらにおこりました。つながってきたバスが、りいこの前《まえ》で止《と》まり、クラクションを、ファ、ファ、ファ、ファーン、と、がっそうするように鳴《な》らしたのです。

2

そして、リズムに合《あ》わせて、くるくると、向《む》きや順番《じゅんばん》をかえはじめました。りいこは、目《め》をぱちぱちしながら、そのダンスに見《み》とれていました。

（令和二年度版　光村図書　国語　三上　わかば　斉藤《さいとう》　倫《りん》）

1

(1) ㋐きみょうと同《おな》じ意味《いみ》を表《あらわ》すことに○をつけましょう。

（　）ふつうで、あたりまえ。

（　）ふしぎで、しんじられない。

(2) バスは、クラクションを、どのように鳴《な》らしましたか。

［　　　　］するように鳴《な》らしたのです。

2

(1) バスは、リズムに合《あ》わせて、くるくると、何《なに》をかえはじめましたか。

［　　］や［　　］

(2) りいこは、どんなふうにそのダンスに見《み》とれていましたか。

目《め》を［　　　　］しながら。

まいごのかぎ (9)

名前

● 次《つぎ》のあらすじと文章《ぶんしょう》を二回《にかい》読《よ》んで、答《こた》えましょう。

バスがリズムに合《あ》わせてダンスをはじめました。それを見《み》て、りいこは今《いま》までのできごとを思《おも》い出《だ》しています。

「なんだか、とても㋐楽《たの》しそう。」
　そして、はっと
気《き》づいたのです。
もしかしたら、
あのさくらの木《き》も、
楽《たの》しかったのかもしれない。
どんぐりの実《み》をつけたのは、
きっと春《はる》がすぎても、
みんなと遊《あそ》びたかったから
なんだ。
ベンチも、
たまには公園《こうえん》で
ねころびたいだろうし、
あじだって、いちどは
青《あお》い空《そら》を
とびたかったんだ。

（令和二年度版　光村図書　国語　三上　わかば　斉藤《さいとう》倫《りん》）

(1) とても㋐楽《たの》しそうなのはだれですか。

（　）りいこ
（　）バス

(2) さくらの木《き》が、どんぐりの実《み》をつけたのは、なぜですか。

きっと春《はる》がすぎても、［　　　］と［　　　］から。

(3) ベンチもたまには公園《こうえん》で、何《なに》がしたいだろうと書《か》いてありますか。

［　　　］だろう。

(4) あじだって、いちどは、何《なに》をしたかったと書《か》いてありますか。

青《あお》い空《そら》を［　　　］。

まいごのかぎ ⑽

名前

● 次《つぎ》の文章《ぶんしょう》を二回《にかい》読《よ》んで、答《こた》えましょう。

1

登場人物《とうじょうじんぶつ》　りいこ・バス

㋐「みんなも、すきに走《はし》って
みたかったんだね。」
しばらくして、バスは
まんぞくしたかのように、
一台一台《いちだいいちだい》といつもの路線《ろせん》に
ア帰《かえ》っていきました。

2

登場人物《とうじょうじんぶつ》　りいこ・バス・うさぎ

そのとき、一《ひと》つのまどの中《なか》に、
りいこはアたしかに見《み》たのです。
図工《ずこう》の時間《じかん》にけしてしまった、
あのうさぎが、
うれしそうに
こちらに手《て》を
ふっているのを。

1

(1) ㋐の言葉《ことば》は、だれが言《い》った言葉《ことば》ですか。

[　　　]

(2) しばらくして、バスは、どんな様子《ようす》で、一台一台《いちだいいちだい》といつもの路線《ろせん》にア帰《かえ》っていきました。

かのように、[　　　　]した

2

(1) りいこは、①どこに、②何《なに》を、イたしかに見《み》たのですか。

① どこ（に）

一《ひと》つの[　　]の中《なか》に、

② 何《なに》（を）

図工《ずこう》の時間《じかん》にけしてしまった
あの[　　　]が
手《て》をふっているのを。

(2) うさぎは、どんな様子《ようす》で、こちらに手《て》をふっていましたか。

[　　　　　]に

（令和二年度版　光村図書　国語　三上　わかば　斉藤《さいとう》　倫《りん》）

まいごのかぎ (11)

名前

● 次《つぎ》のあらすじと文章《ぶんしょう》を二回《にかい》読《よ》んで、答《こた》えましょう。

りいこは、図工《ずこう》の時間《じかん》にけしてしまったうさぎが、うれしそうにこちらに手《て》をふっているのを見《み》たのです。

1

りいこもうれしくなって、大《おお》きく手《て》をふり返《かえ》しました。にぎっていたはずのかぎは、いつのまにか、かげも形《かたち》もなくなっていました。

2

りいこは、夕日《ゆうひ》にそまりだした空《そら》の中《なか》で、㋐いつまでも、その手《て》をふりつづけていました。

（令和二年度版　光村図書　国語　三上　わかば　斉藤《さいとう》　倫《りん》）

1

(1) りいこは、なぜうれしくなって手《て》をふり返《かえ》したのですか。○をつけましょう。

（　）にぎっていたはずのかぎが、なくなっていたから。

（　）うさぎが、うれしそうに手《て》をふるのを見《み》たから。

(2) にぎっていたはずのかぎは、いつのまにか、どうなっていましたか。

2

(1) 夕日《ゆうひ》にそまりだした空《そら》の色《いろ》は、どんな色《いろ》だと思《おも》いますか。

(2) ㋐いつまでも、①だれが、②何《なに》をしていましたか。

① だれ（が）

（　　）が

② 何《なに》をして

（　　）を（　　）つづけていました。

わたしと小鳥《ことり》とすずと

名前

● 次《つぎ》の詩《し》を二回《にかい》読《よ》んで、答《こた》えましょう。

わたしと小鳥《ことり》とすずと

金子《かねこ》　みすゞ（ず）

[1]

わたしが両手《りょうて》をひろげても、
お空《そら》はちっともとべないが、
とべる小鳥《ことり》はわたしのように、
地面《じべた》をはやくは走《はし》れない。

[2]

わたしがからだをゆすっても、
きれいな音《おと》はでないけど、
あの鳴《な》るすずはわたしのように
たくさんなうたは知《し》らないよ。

[3]

すずと、小鳥《ことり》と、それからわたし、
みんなちがって、みんないい。

（令和二年度版　光村図書　国語　三上　わかば　金子　みすゞ）

(1) [1]では、わたしと、だれをくらべていますか。

［　　　　］

(2) [1]を読《よ》んで、上《うえ》と下《した》を——線《せん》でむすびましょう。

① 地面《じべた》をはやく走《はし》れる。　•　　•　小鳥《ことり》

② お空《そら》をとべる。　•　　•　わたし

(3) [2]では、わたしと、だれをくらべていますか。

［　　　　］

(4) [2]を読《よ》んで、上《うえ》と下《した》を——線《せん》でむすびましょう。

① たくさんなうたを知《し》っている。　•　　•　すず

② きれいな音《おと》がでる。　•　　•　わたし

(5) [3]を読《よ》んで、□にあてはまる言葉《ことば》を書《か》きましょう。

みんな□、
みんな□。

夕日《ゆうひ》がせなかをおしてくる

名前

● 次《つぎ》の詩《し》を二回《にかい》読《よ》んで、答《こた》えましょう。

夕日《ゆうひ》がせなかをおしてくる

阪田《さかた》　寛夫《ひろお》

[1]

夕日《ゆうひ》がせなかをおしてくる
まっかなうででおしてくる
歩《ある》くぼくらのうしろから
でっかい声《こえ》でよびかける
(あ)さよなら　さよなら
さよなら　きみたち
ばんごはんがまってるぞ
あしたの朝《あさ》ねすごすな

[2]

夕日《ゆうひ》がせなかをおしてくる
そんなにおすなあわてるな
ぐるりふりむき太陽《たいよう》に
ぼくらも負《ま》けずどなるんだ
(い)さよなら　さよなら
さよなら　太陽《たいよう》
ばんごはんがまってるぞ
あしたの朝《あさ》ねすごすな

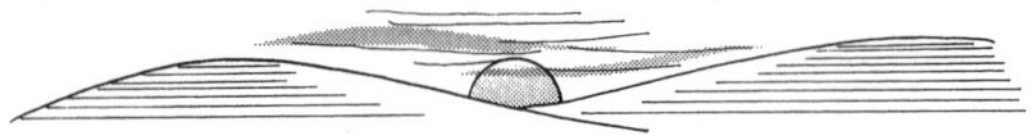

（令和二年度版　光村図書　国語　三上　わかば　阪田《さかた》　寛夫《ひろお》）

(1) この詩《し》は、一日《いちにち》のうちの、いつのことを書《か》いた詩《し》ですか。○をつけましょう。

（　）朝《あさ》
（　）夕方《ゆうがた》
（　）夜中《よなか》

(2) [1]の、(あ)さよなら　さよなら……は、①だれが、②だれに、よびかけた言葉《ことば》ですか。

① だれ（が）　［　　　　］が
② だれ（に）　［　　　　］に

(3) [2]の、(い)さよなら　さよなら……は、①だれが、②だれに、どなった言葉《ことば》ですか。

① だれ（が）　［　　　　］が
② だれ（に）　［　　　　］に

※「夕日がせなかをおしてくる」の教材は、令和二年度版　東京書籍　新しい国語　三上・教育出版　ひろがる言葉　小学国語　三下　にも掲載されています。

すいせんのラッパ (1)

名前

● 次《つぎ》のあらすじと文章《ぶんしょう》を二回《にかい》読《よ》んで、答《こた》えましょう。

春《はる》のまん中《なか》のお話《はなし》です。今日《きょう》は、すいせんが、今年《ことし》はじめてラッパをふく日《ひ》です。ありたちは、まちきれずにすいせんの葉《は》っぱに上《のぼ》ってきました。すいせんはラッパをふいて、冬《ふゆ》の間《あいだ》ねむっていたかえるたちに、春《はる》ですよ起《お》きなさいと知《し》らせてあげるのです。

1

すいせんは、お日《ひ》さまの
高《たか》さをはかったり、
風《かぜ》のはやさをしらべたり、
ラッパをプーとふいたりして、
ときどき、
もうすぐだというように、
㋐うんうん、うなずきます。

2

ありたちは、葉《は》っぱの上《うえ》で、
ゆらゆらゆれて、
じっとまっています。

あたたかい風《かぜ》が、
ささあっとふきわたり、
日《ひ》の光《ひかり》が、一面《いちめん》にちりました。

（令和二年度版　東京書籍　新しい国語　三上　工藤《くどう》　直子《なおこ》）

1

(1) すいせんは、何《なん》の高《たか》さをはかっていますか。

(2) ㋐うんうん、うなずくのは、だれですか。

2

(1) ありたちは、葉《は》っぱの上《うえ》で、どのようにまっていますか。○をつけましょう。

（　）ゆらゆらゆれて、じっとまっている。

（　）うろうろと、うごきまわってまっている。

(2) 風《かぜ》がふきわたり、一面《いちめん》ちったのは、何《なん》ですか。

すいせんのラッパ (2)

名前

● 次《つぎ》の文章《ぶんしょう》を二回《にかい》読《よ》んで、答《こた》えましょう。

1

（うん。今《いま》だ！）
すいせんは、㋐大《おお》きくいきを
すって、金色《きんいろ》のラッパを
ふき鳴《な》らします。
プップ・パッパ・パッパパラピー・
プウー

2

すき通《とお》った音《おと》が、池《いけ》を
わたり、地面《じめん》をゆさぶり、
おかを上《のぼ》って、向《む》こうの空《そら》に
きえます。ありたちは、
目《め》をまん丸《まる》にして、うんと
せのびをして、まわりを
見《み》ました。

（令和二年度版　東京書籍　新しい国語　三上　工藤《くどう》　直子《なおこ》）

1

(1) すいせんは、㋐大《おお》きくいきをすって、何《なに》をふき鳴《な》らしますか。

金色《きんいろ》の［　　　　］

(2) すいせんがふき鳴《な》らしたラッパの音《おと》は、どんな音《おと》でしたか。

プップ・［　］［　］［　］・
パッパラピー・［　］［　］［　］

2

(1) すき通《とお》った音《おと》とは、何《なん》の音《おと》ですか。

金色《きんいろ》の［　　　　］の音《おと》。

(2) ありたちは、どのようにして、まわりを見《み》ましたか。二《ふた》つに○をつけましょう。

（　）目《め》をまん丸《まる》にして見《み》た。
（　）うんとせのびをして見《み》た。
（　）おかを上《のぼ》って見《み》た。

すいせんのラッパ　(3)

名前

● 次《つぎ》の文章《ぶんしょう》を二回《にかい》読《よ》んで、答《こた》えましょう。

1

……すると、池《いけ》のそばの
つつじのねもとがむくっ。㋐
㋑(あ、あそこだ、あそこだ。)
ありたちは、ひじを
つついて、ささやきます。

2

むくっ。むくむくむくっ。
グローブみたいなかえるが
とび起《お》きました。
目《め》をぱちぱちさせてから、
すいせんを見《み》つけると、
㋐「やあ、今年《ことし》も
ありがとう。」
と、大《おお》きな声《こえ》で言《い》いました。

(令和二年度版　東京書籍　新しい国語　三上　工藤《くどう》　直子《なおこ》)

1

(1) どこが、㋐むくっ。と、しましたか。

[　　　]のそばの[　　　]の[　　　]

(2) ㋑(あ、あそこだ、あそこだ。)と、ひじをつついて、ささやいたのは、だれですか。

[　　　]

2

(1) とび起《お》きたのは、何《なに》みたいなかえるですか。

[　　　]みたいなかえる。

(2) ㋐の言葉《ことば》は、だれが、だれに、言《い》った言葉《ことば》ですか。

・だれ(が)　[　　　]が

・だれ(に)　[　　　]に言《い》いました。

すいせんのラッパ (4)

名前

● 次《つぎ》の文章《ぶんしょう》を二回《にかい》読《よ》んで、答《こた》えましょう。

グローブみたいなかえるがとび起《お》きてすいせんに、「今年《ことし》もありがとう。」と言《い》いました。

1

それから、

「バオーン。」

と、あくびをして、

「はらへった。はらへった。はらへった。どっすん・ぽこ。どっすん・ぽこ。どっすん・ぽこ。」

と、林《はやし》の方《ほう》へとんでいきました。

2

「はあ！　かえるのおすもうさんだ。」

「かえるのよこづなだ！どっすん、どっすん。」

ありたちは、葉《は》っぱの上《うえ》で、とび上《あ》がって手《て》をたたきました。

※よこづな…おすもうさんでいちばんくらいが上《うえ》の人《ひと》。

（令和二年度版　東京書籍　新しい国語　三上　工藤《くどう》　直子《なおこ》）

1

(1) かえるは、どんな声《こえ》を出《だ》して、あくびをしましたか。

(2) 「どっすん・ぽこ。」のことばから、かえるの、どんな様子《ようす》がわかりますか。○をつけましょう。

（　）小《ちい》さくて、かるそうな様子《ようす》。

（　）大《おお》きくて、おもそうな様子《ようす》。

2

(1) ありたちは、「かえるのおすもうさん」のことを、ほかの言葉《ことば》で、何《なん》と言《い》っていますか。

かえるの□□□□

(2) ありたちは、どこで手《て》をたたきましたか。

自然《しぜん》のかくし絵《え》 (1)

名前

● 次《つぎ》の文章《ぶんしょう》を二回《にかい》読《よ》んで、答《こた》えましょう。

1

木《き》のみきにとまったはずのセミや、草《くさ》のしげみに下《お》りたはずのバッタを、ふと見《み》うしなうことがあります。

セミやバッタは、木《き》のみきや草《くさ》の色《いろ》と見分《みわ》けにくい色《いろ》をしています。

※見《み》うしなう…見《み》えなくなってしまう。

2

㋐まわりの色《いろ》と見分《みわ》けにくい体《からだ》の色《いろ》は、てきから身《み》をかくすのに役《やく》立《だ》ちます。身《み》をかくすのに役《やく》立《だ》つ色《いろ》のことをほご色《しょく》といいます。

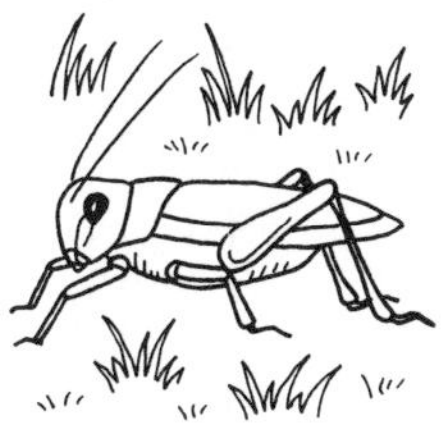

（令和二年度版　東京書籍　新しい国語　三上　矢島《やじま》　稔《みのる》）

1

(1) セミやバッタは、何《なに》と見分《みわ》けにくい色《いろ》をしていますか。二《ふた》つ書《か》きましょう。

2

(1) ㋐まわりの色《いろ》と見分《みわ》けにくい体《からだ》の色《いろ》は、どんなことに役《やく》立《だ》ちますか。

てきから［　　］を［　　］のに役《やく》立《だ》ちます。

(2) 身《み》をかくすのに役《やく》立《だ》つ色《いろ》のことを、何《なん》といいますか。

自然《しぜん》のかくし絵《え》 (2)

名前

● 次《つぎ》の文章《ぶんしょう》を二回読《にかいよ》んで、答《こた》えましょう。

1

あ こん虫《ちゅう》は、ほご色《しょく》によって、どのようにてきから身《み》をかくしているのでしょうか。

い たとえば、コノハチョウの羽《はね》は、表《おもて》はあざやかな青《あお》とオレンジ色《いろ》ですが、うらは、かれ葉《は》のような色《いろ》をしています。

2

それに、羽《はね》をとじたときの形《かたち》も木《こ》の葉《は》そっくりです。そのため、木《き》のえだにとまっていると、えだにのこったかれ葉《は》と見分《みわ》けがつきません。

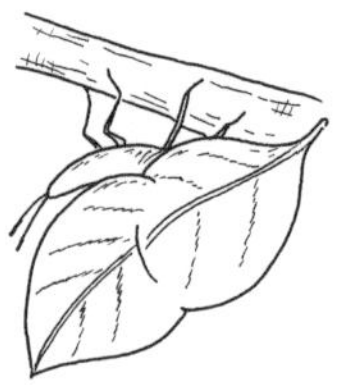

（令和二年度版　東京書籍　新しい国語　三上　矢島《やじま》　稔《みのる》）

1

(1) 「とい」が書《か》かれているだん落《らく》は、あいのどちらですか。

(2) いのだん落《らく》には、何《なん》というこん虫《ちゅう》のことが書《か》いてありますか。

(3) コノハチョウの羽《はね》のうらは、どんな色《いろ》をしていますか。

2

(1) コノハチョウが羽《はね》をとじたときの形《かたち》は、何《なに》にそっくりですか。

(2) どんなときに、えだにのこったかれ葉《は》と、見分《みわ》けがつきませんか。

自然《しぜん》のかくし絵《え》 (3)

名前

● 次《つぎ》の文章《ぶんしょう》を二回《にかい》読《よ》んで、答《こた》えましょう。

1

また、トノサマバッタは、
自分《じぶん》の体《からだ》の色《いろ》がほご色《しょく》に
なるような場所《ばしょ》をえらんで
すんでいるようです。
トノサマバッタには、
緑色《みどりいろ》のものと
かっ色《しょく》のものがいます。

※かっ色《しょく》…こげ茶色《ちゃいろ》。

2

野外《やがい》で調《しら》べてみると、
緑色《みどりいろ》の草《くさ》むらにいるのは、
ほとんどが緑色《みどりいろ》のバッタで、
かっ色《しょく》のかれ草《くさ》や
落《お》ち葉《ば》の上《うえ》にいるのは、
ほとんどがかっ色《しょく》の
バッタです。

※野外《やがい》…たてものの外《そと》。

(令和二年度版　東京書籍　新しい国語　三上　矢島《やじま》　稔《みのる》)

1

(1) トノサマバッタは、どのような場所《ばしょ》をえらんで、すんでいますか。

自分《じぶん》の体《からだ》の色《いろ》が[　　]に
なるような場所《ばしょ》。

(2) トノサマバッタには、何色《なにいろ》のものがいますか。二《ふた》つ書《か》きましょう。

[　　]のもの。

[　　]のもの。

2

(1) どこで調《しら》べてみましたか。

[　　]

(2) 緑色《みどりいろ》の草《くさ》むらにいるのは、ほとんどが、何色《なにいろ》のバッタですか。

[　　]のバッタ

(3) かっ色《しょく》のかれ草《くさ》や落《お》ち葉《ば》の上《うえ》にいるのは、ほとんどが、何色《なにいろ》のバッタですか。

[　　]のバッタ

本《ほん》は友《とも》だち

心《こころ》の養分《ようぶん》(1)

名前

● 次《つぎ》の文章《ぶんしょう》を二回《にかい》読《よ》んで、答《こた》えましょう。

1

わたしは、小《ちい》さいころ、体《からだ》が弱《よわ》かったせいか、走《はし》るのが苦手《にがて》で、外《そと》でみんなといっしょに遊《あそ》ぶより、家《いえ》で本《ほん》を読《よ》んでいるほうがすきな子《こ》どもでした。

2

友《とも》だちと遊《あそ》べないことをさびしいと思《おも》った記《き》おくがありませんので、きっと、本《ほん》を読《よ》んでいるほうが楽《たの》しかったのでしょう。

㋐そんなわたしが、小学三年生《しょうがくさんねんせい》のころ、大《だい》すきだったのは、グリムとアンデルセンの童話《どう わ》でした。

※グリム…グリム兄弟《きょうだい》。ドイツの童話《どうわ》作家《さっか》。

※アンデルセン…デンマークの童話作家《どうわさっか》。

（令和二年度版　東京書籍　新しい国語　三上　茂市《もいち》　久美子《くみこ》）

1

(1) わたしは、小《ちい》さいころ、どんなことが苦手《にがて》でしたか。

［　　　　］のが苦手《にがて》。

(2) 外《そと》でみんなといっしょに遊《あそ》ぶより何《なん》のほうがすきな子《こ》どもでしたか。

［　　　　］ほうがすきな子《こ》どもでした。

2

(1) ㋐そんなわたし、とは、どんなわたしですか。○をつけましょう。

（　）友《とも》だちと遊《あそ》べないことをいつもさびしく思《おも》っていた。

（　）友《とも》だちと遊《あそ》ぶより、本《ほん》を読《よ》んでいるほうが楽《たの》しかった。

(2) わたしが小学三年生《しょうがくさんねんせい》のころすきだったのは、何《なん》の童話《どうわ》ですか。二《ふた》つ書《か》きましょう。

［　　　　］［　　　　］

本《ほん》は友《とも》だち

心《こころ》の養分《ようぶん》(2)

名前

● 次《つぎ》の文章《ぶんしょう》を二回《にかい》読《よ》んで、答《こた》えましょう。

1

グリムの「いばらひめ」や「ラプンツェル」、アンデルセンの「お月《つき》さまのしたお話《はなし》」や「人魚《にんぎょ》ひめ」など、同《おな》じお話《はなし》を、とくに夜《よる》ねる前《まえ》に、何度《なんど》くり返《かえ》して読《よ》んだことかしれません。

2

さらに、小川未明《おがわみめい》と新美南吉《にいみなんきち》の童話《どうわ》も、よく読《よ》みました。小川未明《おがわみめい》の「赤《あか》いろうそくと人魚《にんぎょ》」と、新美南吉《にいみなんきち》の「手《て》ぶくろを買《か》いに」は、やはり、㋐何度《なんど》読《よ》んだことかしれません。

（令和二年度版　東京書籍　新しい国語　三上　茂市《もいち》　久美子《くみこ》）

1

(1) 「いばらひめ」と「人魚《にんぎょ》ひめ」の作者《さくしゃ》は、それぞれ、だれですか。

① 「いばらひめ」

② 「人魚《にんぎょ》ひめ」

(2) 同《おな》じお話《はなし》を、とくに、いつくり返《かえ》して読《よ》みましたか。

2

(1) 小川未明《おがわみめい》と新美南吉《にいみなんきち》が書《か》いた童話《どうわ》の題名《だいめい》を、文中《ぶんちゅう》から書《か》き出《だ》しましょう。

① 小川未明《おがわみめい》

② 新美南吉《にいみなんきち》

(2) ㋐何度《なんど》読《よ》んだことかしれませんと同《おな》じことを表《あらわ》すものに○をつけましょう。

（　）何度《なんど》も読《よ》んだ。

（　）一度《いちど》も読《よ》んでいない。

紙《かみ》ひこうき

名前

● 次《つぎ》の詩《し》を二回《にかい》読《よ》んで、答《こた》えましょう。

紙《かみ》ひこうき

神沢《かんざわ》　利子《としこ》

[1]
ぼくの　とばした　紙《かみ》ひこうき
すういと　とんで
くるりと　まわって
まつの木《き》の　上《うえ》に　ちゃくりく
ぼくには　とどかない　たかい枝《えだ》

[2]
おうい、おりてこいよ
かぜが　枝《えだ》を　ゆすっても
おちてこない　紙《かみ》ひこうき
かあさんに　だかれて　ゆうらゆら
いいきもちで　いるみたい

[3]
うまれる　まえは
森《もり》の　木《き》だった　紙《かみ》……

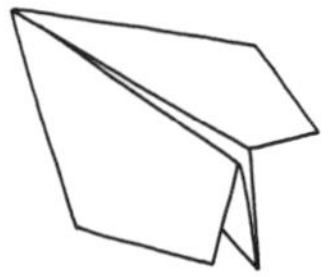

（令和二年度版　東京書籍　新しい国語　三上　神沢　利子）

(1) [1]で、ぼくは、何《なに》をとばしましたか。

(2) 紙《かみ》ひこうきが、ちゃくりくしたところは、どこですか。○をつけましょう。

（　）まつの木《き》の上《うえ》の、ぼくにもとどく、ひくい枝《えだ》。

（　）まつの木《き》の上《うえ》の、ぼくにはとどかない、たかい枝《えだ》。

(3) [2]で、「おうい、おりてこいよ」は、①だれが、②何《なに》によびかけていますか。

① だれが

② 何《なに》に

(4) [3]で、「うまれる　まえは　森《もり》の　木《き》だった」のは、何《なん》ですか。

紙《かみ》はパルプという、木《き》のせんいをやわらかくしたものから作《つく》られているよ。

サーカスのライオン (1)

名前

● 次《つぎ》の文章《ぶんしょう》を二回《にかい》読《よ》んで、答《こた》えましょう。

1

町外《まちはず》れの広場《ひろば》に、サーカスがやってきた。ライオンやとらもいれば、お化《ば》け屋《や》しきもある。ひさしぶりのことなので、見物人《けんぶつにん》がⓐぞくぞくとやってきた。

※町外《まちはず》れ…町《まち》の中心《ちゅうしん》からはなれた、家《いえ》があまりないところ
※見物人《けんぶつにん》…サーカスを見《み》に来《き》た人《ひと》

2

「はい、いらっしゃい、いらっしゃい。オーラ、オーラ、お帰《かえ》りはこちらです。」
寒《さむ》い風《かぜ》をはらんだテントがハタハタと鳴《な》って、サーカス小屋《ごや》は、まるで海《うみ》の上《うえ》を走《はし》るほかけ船《ぶね》のようだった。

※はらんだ（はらむ）…風《かぜ》にふかれてふくらんだ
※ほかけ船《ぶね》…船《ふね》のはしらにぬのをはって風《かぜ》の力《ちから》で進《すす》む船《ふね》。

（令和二年度版　東京書籍　新しい国語　三上　川村《かわむら》　たかし）

1

(1) どこに、サーカスがやってきましたか。

(2) ⓐぞくぞくとの意味《いみ》に、○をつけましょう。

（　）つぎつぎに、後《あと》から後《あと》からとぎれることなく。

（　）ときどき、ぱらぱらと。

2

(1) 寒《さむ》い風《かぜ》をはらんだテントは、どんなふうに鳴《な》っていましたか。その音《おと》を書《か》きましょう。

(2) ほかけ船《ぶね》のようだったのは、何《なん》ですか。

サーカスのライオン　(2)

名前

● 次《つぎ》の文章《ぶんしょう》を二回《にかい》読《よ》んで、答《こた》えましょう。

1

　ライオンのじんざは、
年取《とし》《と》っていた。ときどき
耳《みみ》をひくひくさせながら、
テントのかげのはこの中《なか》で、
一日中《いちにちじゅう》ねむっていた。
ねむっているときは、
いつもアフリカの
ゆめを見《み》た。

2

ゆめの中《なか》に、お父《とう》さんや
お母《かあ》さんや兄《にい》さんたちが
あらわれた。草原《そうげん》の中《なか》を、
じんざは風《かぜ》のように
走《はし》っていた。

（令和二年度版　東京書籍　新しい国語　三上　川村《かわむら》　たかし）

1

(1) じんざは、どのようなライオンですか。○をつけましょう。

（　）わかくて、とても元気《げんき》なライオン。

（　）年取《とし》《と》っていて、一日中《いちにちじゅう》ねむっているライオン。

(2) じんざは、ねむっているときいつも、何《なん》のゆめを見《み》ましたか。

2

(1) ゆめの中《なか》にあらわれたのは、だれですか。三《みっ》つに○をつけましょう。

（　）お母《かあ》さん

（　）おじいさん

（　）お父《とう》さん

（　）兄《にい》さんたち

(2) ゆめの中《なか》でじんざは、どこを風《かぜ》のように走《はし》っていましたか。

サーカスのライオン (3)

名前

●次《つぎ》の文章《ぶんしょう》を二回《にかい》読《よ》んで、答《こた》えましょう。

とう場人物《じょうじんぶつ》　じんざ（ライオン）・（ライオンつかいの）おじさん

1

自分《じぶん》の番《ばん》が来《く》ると、じんざは㋐のそりと立《た》ち上《あ》がる。はこはテントの中《なか》に持《も》ちこまれ、十五《じゅうご》まいの鉄《てつ》のこうし戸《ど》が組《く》み合《あ》わされて、ライオンのぶ台《たい》ができあがる。

　ぶ台《たい》の真《ま》ん中《なか》では、円《まる》い輪《わ》がめらめらともえていた。

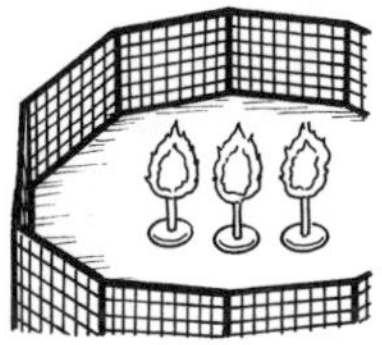

2

（あ）「さあ、始《はじ》めるよ。」

　ライオンつかいのおじさんが、チタン、チタッとむちを鳴《な》らすと、じんざは火《ひ》の輪《わ》を目《め》がけて㋑ジャンプした。

（令和二年度版　東京書籍　新しい国語　三上　川村《かわむら》　たかし）

1

(1) ㋐のそりと同《おな》じことを表《あらわ》す文《ぶん》に○をつけましょう。

（　）ゆっくりのろのろと動《うご》くようす。

（　）すばやくさっさと動《うご》くようす。

(2) ぶ台《たい》の真《ま》ん中《なか》で、円《まる》い輪《わ》はどんな様子《ようす》でしたか。

2

(1) （あ）の言葉《ことば》は、だれが言《い》った言葉《ことば》ですか。

(2) ㋑じんざは、何《なに》を目《め》がけてジャンプしましたか。

サーカスのライオン　(4)

名前

● 次《つぎ》の文章《ぶんしょう》を二回読《にかいよ》んで、答《こた》えましょう。

ライオンつかいのおじさんがむちを鳴《な》らすと、じんざは火《ひ》の輪《わ》をめがけてジャンプした。

1

とう場人物《じょうじんぶつ》　じんざ（ライオン）・おじさん

㋐うまいものだ。二本《にほん》でも三本《さんぼん》でも、もえる輪《わ》の中《なか》をくぐりぬける。おじさんがよそ見《み》しているのに、じんざは三回《さんかい》、四回《よんかい》とくり返《かえ》していた。

2

夜《よる》になった。お客《きゃく》が帰《かえ》ってしまうと、サーカス小屋《ごや》はしんとした。ときおり、風《かぜ》がふくような音《おと》を立《た》ててとらがほえた。

※ときおり…たまに。ときどき。

（令和二年度版　東京書籍　新しい国語　三上　川村《かわむら》　たかし）

1

(1) 何《なに》が、㋐うまいものなのですか。○をつけましょう。

（　）じんざが、もえる輪《わ》の中《なか》をくぐりぬけること。

（　）おじさんがよそ見《み》をすること。

(2) じんざが、三回《さんかい》、四回《よんかい》とくり返《かえ》していたことは、何《なに》ですか。

［　　　　］の中《なか》を［　　　　］こと。

2

(1) お客《きゃく》が帰《かえ》ってしまうと、サーカス小屋《ごや》は、どうなりましたか。

［　　　　］

(2) どんな音《おと》を立《た》てて、とらがほえましたか。

（　）しんとした音《おと》

（　）風《かぜ》がふくような音《おと》

サーカスのライオン（5）

名前

● 次《つぎ》のあらすじと文章《ぶんしょう》を二回《にかい》読《よ》んで、答《こた》えましょう。

夜《よる》になった。お客《きゃく》が帰《かえ》ってしまうと、サーカス小屋《ごや》はしんとした。

とう場人物《じょうじんぶつ》　じんざ（ライオン）・おじさん

1

㋐「たいくつかね。ねてばかりいるから、いつのまにか、おまえの目《め》も白《しろ》くにごってしまったよ。今日《きょう》のジャンプなんて、元気《げんき》がなかったぞ。」

おじさんがのぞきに来《き》て言《い》った。

2

じんざが答《こた》えた。

㋑「そうともさ。毎日《まいにち》、同《おな》じことばかりやっているうちに、わしは㋐おいぼれたよ。」

㋒「だろうなあ。ちょっとかわってやるから、散歩《さんぽ》でもしておいでよ。」

（令和二年度版　東京書籍　新しい国語　三上　川村《かわむら》　たかし）

1

(1) ㋐の言葉《ことば》は、だれが、言《い》った言葉《ことば》ですか。○をつけましょう。

（　）じんざ（ライオン）

（　）おじさん

(2) 今日《きょう》のジャンプは、どんな様子《ようす》でしたか。文中《ぶんちゅう》から書《か》き出《だ》しましょう。

［　　　　］がなかったぞ。

2

(1) ㋑㋒の言葉《ことば》は、だれが言《い》った言葉《ことば》ですか。

㋑［　　　　］

㋒［　　　　］

(2) ㋐おいぼれたと、同《おな》じことを表《あらわ》すもの一《ひと》つに○をつけましょう。

（　）わかく元気《げんき》になった。

（　）年《とし》を取《と》った。

（　）上手《うま》くなった。

サーカスのライオン (6)

名前

● 次《つぎ》の文章《ぶんしょう》を二回《にかい》読《よ》んで、答《こた》えましょう。

1

そこで、ライオンは人間《にんげん》の服《ふく》を着《き》た。分《わ》からないように、マスクもかけた。くつをはき、手《て》ぶくろもはめた。

ライオンのじんざはうきうきして外《そと》へ出《で》た。

2

とう場人物《じょうじんぶつ》　じんざ（ライオン）・男《おとこ》の子《こ》

あ「外《そと》はいいなあ。星《ほし》がちくちくゆれて、北風《きたかぜ》にふきとびそうだなあ。」

ア ひとり言《ごと》を言《い》っていると、

い「おじさん、サーカスのおじさん。」

と、声《こえ》がした。

男《おとこ》の子《こ》が一人《ひとり》、立《た》っていた。

（令和二年度版　東京書籍　新しい国語　三上　川村《かわむら》　たかし）

1

(1) 何《なに》を、分《わ》からないようにするために、じんざはマスクをかけましたか。

［　　　　］だと分《わ》からないようにするため。

(2) 外《そと》へ出《で》たときの、じんざの気《き》もちがわかる言葉《ことば》を書《か》きましょう。

2

(1) あといはそれぞれ、だれが言《い》ったことばですか。

あ

い

(2) ア ひとり言《ごと》と、同《おな》じことを表《あらわ》すほうに○をつけましょう。

（　）聞《き》く相手《あいて》がいないのに、一人《ひとり》で話《はな》すこと。

（　）遠《とお》くの人《ひと》に聞《き》こえるように、大《おお》きな声《こえ》で話《はな》すこと。

サーカスのライオン　(7)

名前

● 次《つぎ》の文章《ぶんしょう》を二回《にかい》読《よ》んで、答《こた》えましょう。

じんざが人間《にんげん》の服《ふく》を着《き》て外《そと》に出《で》ると、
「サーカスのおじさん。」と、声《こえ》がした。
男《おとこ》の子《こ》が一人《ひとり》、立《た》っていた。

とう場人物《じょうじんぶつ》　じんざ（ライオン）・男《おとこ》の子《こ》

1

㋐「もう、ライオンはねむったかしら。ぼく、ちょっとだけ、そばへ行《い》きたいんだけどなあ。」
じんざはおどろいて、
ア もぐもぐたずねた。
㋑「ライオンがすきなのかね。」

2

㋒「うん、大《だい》すき。それなのに、ぼくたち昼間《ひるま》サーカスを見《み》たときは、何《なん》だかしょげていたの。だから、お見《み》まいに来《き》たんだよ。」
じんざは、ぐぐっと
イ むねのあたりがあつくなった。

（令和二年度版　東京書籍　新しい国語　三上　川村《かわむら》　たかし）

1

(1) ㋐と㋑の言葉《ことば》は、だれが言《い》った言葉《ことば》ですか。

㋐［　　　　］

㋑［　　　　］

(2) ア もぐもぐは、どんな様子《ようす》をあらわしていますか。○をつけましょう。

(　)口《くち》を大《おお》きく開《あ》けて、はきはき話《はな》す様子《ようす》。

(　)口《くち》をあまりあけないで、話《はな》す様子《ようす》。

2

(1) ㋒の言葉《ことば》は、だれが言《い》った言葉《ことば》ですか。

［　　　　］

(2) イ むねのあたりがあつくなった。とき、じんざは、どんな気持《きも》ちでしたか。○をつけましょう。

(　)お見《み》まいに来《き》た。と言《い》われて、うれしい気持《きも》ちだった。

(　)しょげていた。と言《い》われて、悲《かな》しい気持《きも》ちだった。

かえるのぴょん

名前

● 次《つぎ》の詩《し》を二回《にかい》読《よ》んで、答《こた》えましょう。

かえるのぴょん

谷川《たにかわ》 俊太郎《しゅんたろう》

1

かえるのぴょん
とぶのがだいすき
はじめにかあさんとびこえて
それからとうさん とびこえる
ぴょん

2

かえるのぴょん
とぶのがだいすき
つぎにはじどうしゃ とびこえて
しんかんせんも とびこえる
ぴょん ぴょん

3

かえるのぴょん
とぶのがだいすき
とんでるひこうき とびこえて
ついでにおひさま とびこえる
ぴょん ぴょん ぴょん

4

かえるのぴょん
とぶのがだいすき
とうとう きょうを とびこえて
あしたのほうへ きえちゃった
ぴょん ぴょん ぴょん ぴょん

(令和二年度版 教育出版 ひろがる言葉 小学国語 三上 谷川 俊太郎)

(1) この詩《し》は、いくつのまとまりからできていますか。

[　　　]つ

(2) 1で、かえるのぴょんは、はじめに、何《なに》をとびこえましたか。

[　　　]

(3) 3で、かえるのぴょんは、ひこうきをとびこえて、ついでに何《なに》をとびこえましたか。

[　　　]

(4) この詩《し》は、どのまとまりも、同《おな》じ言葉《ことば》の二行《にぎょう》ではじまります。その二行《にぎょう》を文中《ぶんちゅう》から書《か》き出《だ》しましょう。

か□□□ぴ□□
と□□□だ□□□

(5) それぞれのまとまりのさいごの「ぴょん」は、だんだんと、どうなっていますか。一《ひと》つに○をつけましょう。

(　)一《ひと》つずつへっている。
(　)一《ひと》つずつふえている。
(　)二《ふた》つずつふえている。

うめぼしのはたらき (1)

名前

● 次《つぎ》の文章《ぶんしょう》を二回《にかい》読《よ》んで、答《こた》えましょう。

①うめぼしは、うめの実《み》をしおにつけて作《つく》った、とてもすっぱい食《た》べ物《もの》です。日本《にほん》では、むかしから食《た》べられてきました。みなさんも、食《た》べたことがあるでしょう。㋐わたしたちは、なぜ、そんなにすっぱいうめぼしを食《た》べるのでしょう。

②それは、うめぼしが、わたしたちの体《からだ》にとって、いろいろとよいはたらきをするからです。

（令和二年度版　教育出版　ひろがる言葉　小学国語　三上）

(1) うめぼしは、うめの実《み》を何《なに》につけて作《つく》った食《た》べ物《もの》ですか。

(2) うめぼしは、どんな食《た》べ物《もの》ですか。あてはまるもの二《ふた》つに、○をつけましょう。

（　）とても、あまい食《た》べ物《もの》。

（　）とても、すっぱい食《た》べ物《もの》。

（　）むかしから食《た》べられてきた食《た》べ物《もの》。

（　）今《いま》は、ほとんど食《た》べられていない食《た》べ物《もの》。

(3) ㋐わたしたちは、なぜ、そんなにすっぱいうめぼしを食《た》べるのでしょう。とあります。②を読《よ》んで、□に言葉《ことば》を書《か》きましょう。

うめぼしが、わたしたちの □ にとって、いろいろと □ を するからです。

うめぼしのはたらき (2)

名前

● 次《つぎ》の文章《ぶんしょう》を二回《にかい》読《よ》んで、答《こた》えましょう。

③うめぼしは、食《た》べ物《もの》の消化《しょうか》をたすけるはたらきをします。

わたしたちの体《からだ》は、すっぱいものを食《た》べると、たくさんのつばを出《だ》します。つばには、食《た》べ物《もの》の消化《しょうか》をよくするはたらきがあるので、うめぼしを食《た》べると、食《た》べ物《もの》の消化《しょうか》がよくなるのです。

※消化《しょうか》…（食《た》べ物《もの》を）体《からだ》にとり入《い》れやすくすること。

（令和二年度版　教育出版　ひろがる言葉　小学国語　三上）

(1) 上《うえ》の文《ぶん》では、うめぼしの、どんなはたらきについて、説明《せつめい》していますか。

を

はたらき。

(2) わたしたちの体《からだ》は、どんなものを食《た》べると、たくさんのつばを出《だ》しますか。

(3) つばには、どんなはたらきがありますか。

を

はたらき。

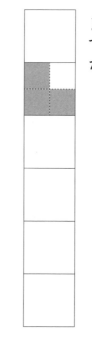

めだか (1)

名前

● 次《つぎ》の文章《ぶんしょう》を二回《にかい》読《よ》んで、答《こた》えましょう。

1

春《はる》になると、小川《おがわ》や池《いけ》の水面近《すいめんちか》くに、めだかがすがたをあらわします。

めだかは、大変小《たいへんちい》さな魚《さかな》です。体長《たいちょう》は、大人《おとな》になっても三《さん》、四《よん》センチメートルにしかなりません。

2

めだかは、のんびり楽《たの》しそうに泳《およ》いでいるようですが、いつも、たくさんのてきにねらわれています。「たがめ」や「げんごろう」、「やご」や「みずかまきり」などの、水《みず》の中《なか》にいるこん虫《ちゅう》は、とくにこわいてきです。大《おお》きな魚《さかな》や「ざりがに」にもおそわれます。

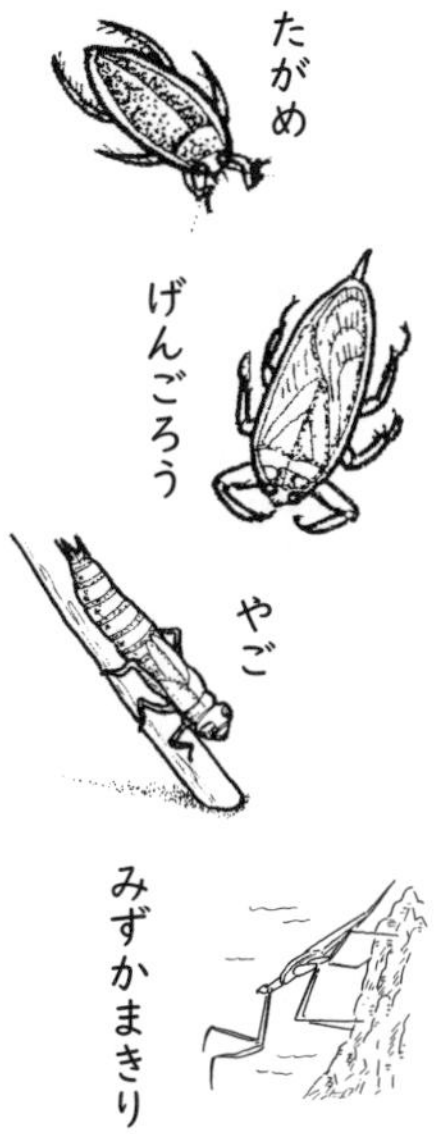

（令和二年度版　教育出版　ひろがる言葉　小学国語　三上　杉浦《すぎうら》　宏《ひろし》）

1

(1) めだかがすがたをあらわすきせつは、いつですか。

(2) 大人《おとな》になっためだかの体長《たいちょう》は、どれぐらいですか。

2

(1) めだかはいつもたくさんの、何《なに》にねらわれていますか。

(2) めだかのてきとなるこん虫《ちゅう》の名前《なまえ》を、文中《ぶんちゅう》からさがして四《よっ》つ書《か》きましょう。

めだか (2)

名前

● 次《つぎ》の文章《ぶんしょう》を二回《にかい》読《よ》んで、答《こた》えましょう。

1

では、めだかは、そのようなてきから、どのようにして身《み》を守《まも》っているのでしょうか。

2

第一《だいいち》に、めだかは、小川《おがわ》や池《いけ》の水面《すいめん》近《ちか》くでくらして、身《み》を守《まも》ります。水面《すいめん》近《ちか》くには、やごやみずかまきりなどの、てきがあまりいないからです。

(令和二年度版　教育出版　ひろがる言葉　小学国語　三上　杉浦《すぎうら》　宏《ひろし》)

1

(1) 1の文《ぶん》に書《か》かれているぎもんは何《なん》ですか。文中《ぶんちゅう》から□に書《か》き出《だ》しましょう。

めだかは、そのようなてきから、［　　　　］

2

(1) 2の文《ぶん》を読《よ》んで、□にあてはまる言葉《ことば》を書《か》きましょう。

めだかは、小川《おがわ》や［　　］の［　　　　］でくらして、身《み》を守《まも》ります。

(2) なぜ、水面《すいめん》近《ちか》くでくらすと身《み》を守《まも》れるのですか。○をつけましょう。

(　) 水面《すいめん》近《ちか》くには、てきがあまりいないから。

(　) 水面《すいめん》近《ちか》くには、えさがたくさんあるから。

めだか (3)

名前

● 次《つぎ》の文章《ぶんしょう》を二回《にかい》読《よ》んで、答《こた》えましょう。

1

第二《だいに》に、めだかは、すいっ、すいっとすばやく泳《およ》いで、身《み》を守《まも》ります。近《ちか》づいてきたてきから、さっとにげることができるからです。

2

第三《だいさん》に、めだかは、小川《おがわ》や池《いけ》のそこにもぐっていって、水《みず》をにごらせ、身《み》を守《まも》ります。近《ちか》づいてきたてきに見《み》つからないようにかくれることができるからです。

※にごらせる…きたなくする。

(令和二年度版　教育出版　ひろがる言葉　小学国語　三上　杉浦《すぎうら》　宏《ひろし》)

1

(1) □にあてはまる言葉《ことば》を書《か》きましょう。

すいっ、すいっと［　　　　］、身《み》を守《まも》ります。

(2) 近《ちか》づいてきたてきから、どのようににげることができますか。

［□□□□］にげることができる。

2

(1) 2の文《ぶん》を読《よ》んで、□にあてはまる言葉《ことば》を書《か》きましょう。

小川《おがわ》や池《いけ》の［　　］にもぐり、水《みず》を［　　　　］、身《み》を守《まも》ります。

(2) 水《みず》をにごらせると身《み》を守《まも》れるのは、なぜですか。〇をつけましょう。

(　)てきがきたない水《みず》をきらってにげるから。

(　)てきに見《み》つからないようにかくれることができるから。

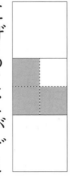

めだか (4)

名前

● 次《つぎ》の文章《ぶんしょう》を二回《にかい》読《よ》んで、答《こた》えましょう。

1

第四《だいよん》に、めだかは、何十《なんじゅっ》ぴきも集《あつ》まって泳《およ》ぐことによって、身《み》を守《まも》ります。

2

てきを見《み》つけためだかが、きけんがせまっていることを仲間《なかま》に知《し》らせると、みんなは㋐いっせいにちらばり、てきが目《め》うつりしている間《あいだ》に、にげることができるからです。

※目《め》うつり…ほかのものに気《き》をとられて、見《み》るところがあちこちときまらないこと。

1

(1) 第四《だいよん》に、めだかはどうすることによって身《み》を守《まも》りますか。

ことによって、身《み》を守《まも》ります。

2

(1) てきを見《み》つけためだかは、どんなことを仲間《なかま》に知《し》らせますか。

(2) ㋐いっせいにちらばり、てきが目《め》うつりしている間《あいだ》に、何《なに》ができますか。

こと。

（令和二年度版　教育出版　ひろがる言葉　小学国語　三上　杉浦《すぎうら》　宏《ひろし》）

俳句《はいく》を楽《たの》しもう　(1)

名前

(1) つぎの文《ぶん》は、「俳句《はいく》」について書《か》かれた文《ぶん》です。
□にあてはまる言葉《ことば》を□からえらんで書《か》きましょう。

「俳句《はいく》」は、ふつう［五］・［　］・［　］の［　］音《おん》でできている、短《みじか》い［　］です。

日本《にほん》では、［　］から作《つく》られています。

十七《じゅうしち》・五《ご》・五《ご》・七《しち》・むかし・詩《し》

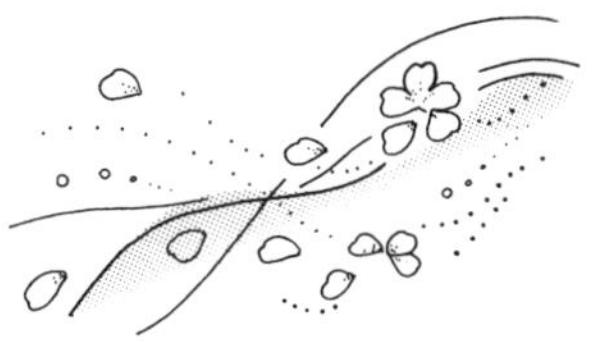

(2) つぎの文《ぶん》は、「季語《きご》」について書《か》かれた文《ぶん》です。
□にあてはまる言葉《ことば》を□からえらんで書《か》きましょう。

「季語《きご》」は、［　］に使《つか》われている、［　］を表《あらわ》す言葉《ことば》のことです。

俳句《はいく》には、ふつう季語《きご》が入《はい》っていて、［　］の様子《ようす》や、そこで感《かん》じられることが表《あらわ》されます。

しぜん・俳句《はいく》・きせつ

俳句《はいく》を楽《たの》しもう (2)

名前

● つぎの俳句《はいく》を二回読《にかいよ》んで、答《こた》えましょう。季語《きご》と季節《きせつ》を書《か》きましょう。

1

雪《ゆき》とけて村《むら》一《いっ》ぱいの子《こ》どもかな　小林《こばやし》 一茶《いっさ》

雪《ゆき》がとけて、
たくさんの
子《こ》どもたちが、
待《ま》ちかねたように、
外《そと》で遊《あそ》び回《まわ》っている。

《季語《きご》》 雪
…
《季節《きせつ》》 冬

2

菜《な》の花《はな》や月《つき》は東《ひがし》に日《ひ》は西《にし》に　与謝《よさ》 蕪村《ぶそん》

菜《な》の花畑《はなばたけ》が広《ひろ》がっている。
見上《みあ》げると、
東《ひがし》の空《そら》には月《つき》が上《のぼ》り、
西《にし》の空《そら》には
夕日《ゆうひ》がしずんでいく。

《季語《きご》》 菜の花
…
《季節《きせつ》》 春

1

(1) 俳句《はいく》を五《ご》・七《しち》・五《ご》の音《おん》に分《わ》けて、ひらがなで書《か》きましょう。

ゆきとけて

(2) 外《そと》で遊《あそ》び回《まわ》っているのはだれですか。

たくさんの

2

(1) 俳句《はいく》を五《ご》・七《しち》・五《ご》の音《おん》に分《わ》けて、ひらがなで書《か》きましょう。

(2) 上《のぼ》ったものは、何《なん》ですか。

(3) しずんでいくものは、何《なん》ですか。

(令和二年度版　東京書籍　新しい国語　三下「俳句に親しむ」による)

俳《はい》句《く》を楽《たの》しもう (3)

名前

● つぎの俳《はい》句《く》を二回《にかい》読《よ》んで、答《こた》えましょう。季《き》語《ご》と季節《きせつ》を書《か》きましょう。

1

青蛙《あおがえる》おのれも㋐ペンキぬりたてか

芥川《あくたがわ》　龍之介《りゅうのすけ》

青《あお》がえるよ、せなかがぬれて光《ひか》っているが、おまえもペンキのぬりたてか。

《季《き》語《ご》》 青がえる … 《季《き》節《せつ》》 夏

2

名月《めいげつ》を取《(とっ)》つてくれろとなく子《こ》かな

小林《こばやし》　一茶《いっさ》

空《そら》には満月《まんげつ》が上《のぼ》っている。子《こ》どもが「あの月《つき》を取《と》ってくれ。」となきながら、だだをこねている。

《季《き》語《ご》》 名月 … 《季《き》節《せつ》》 秋

1

(1) 俳《はい》句《く》を五《ご》・七《しち》・五《ご》の音《おん》に分《わ》けて、ひらがなで書《か》きましょう。

あ	お	が	え	る

(2) ㋐ペンキぬりたてかと書《か》いてあるのはなぜですか。

(　)かえるがぴょんとはねたから。

(　)かえるのせなかがぬれて光っているから。

2

(1) 俳《はい》句《く》を五《ご》・七《しち》・五《ご》の音《おん》に分《わ》けて、ひらがなで書《か》きましょう。

(2) 空《そら》に上《あ》がっているのはどんな月《つき》ですか。

(　)三日月《みかづき》

(　)満月《まんげつ》

（令和二年度版　東京書籍　新しい国語　三下「俳句に親しむ」による）

俳《はい》句《く》を楽《たの》しもう (4)

名前

● つぎの俳《はい》句《く》を二回《にかい》読《よ》んで、答《こた》えましょう。季語《きご》と季節《きせつ》を書《か》きましょう。

1

古池《ふるいけ》や蛙《かわず》飛《と》びこむ水《みず》の音《おと》

松《まつ》尾《お》　芭《ば》蕉《しょう》

ひっそりとしずかな古池《ふるいけ》に、
かえるが飛《と》びこむ
水《みず》の音《おと》が聞《き》こえた。

《季語《きご》》 かわず … 《季節《きせつ》》 春

2

閑《しず》かさや岩《いわ》にしみ入《い》る蟬《せみ》の声《こえ》

松《まつ》尾《お》　芭《ば》蕉《しょう》

なんてしずかなんだろう。
その中《なか》で、せみの声《こえ》だけが、
まるで岩《いわ》の中《なか》にしみて
いくように聞《き》こえている。

《季語《きご》》 せみ … 《季節《きせつ》》 夏

（令和二年度版　光村図書　国語　三上　わかば「俳句を楽しもう」による）

1

(1) 俳《はい》句《く》を五《ご》・七《しち》・五《ご》の音《おん》に分《わ》けて、ひらがなで書《か》きましょう。

ふるいけや

(2) この俳《はい》句《く》が読《よ》まれた場所《ばしょ》は、どんな様子《ようす》ですか。○をつけましょう。

（　）かえるがないて、うるさい様子《ようす》。

（　）かえるが池《いけ》に飛《と》びこむ音《おと》が聞《き》こえるほど、しずかな様子《ようす》。

2

(1) 俳《はい》句《く》を五《ご》・七《しち》・五《ご》の音《おん》に分《わ》けて、ひらがなで書《か》きましょう。

(2) この俳《はい》句《く》が読《よ》まれた場所《ばしょ》で聞《き》こえるのは、何《なん》の声《こえ》ですか。

［　　　］の声《こえ》

俳句《はいく》を楽《たの》しもう (5)

名前

● つぎの俳句《はいく》を二回読《にかいよ》んで、答《こた》えましょう。季語《きご》と季節《きせつ》を書《か》きましょう。

1

春《はる》の海終日《うみひねもす》のたりのたりかな
与謝《よさ》 蕪村《ぶそん》

あたたかな春《はる》の日《ひ》の海《うみ》は、一日中《いちにちじゅう》、のたりのたりとうねっているよ。

《季語《きご》》春の海 … 《季節《きせつ》》春

2

夏山《なつやま》や一足《ひとあし》づ(ず)つに海見《うみみ》ゆる
小林《こばやし》 一茶《いっさ》

山《やま》を登《のぼ》り、ちょうじょうが近《ちか》づいてきた。一歩《いっぽ》すすむごとに、明《あか》るい夏《なつ》の海《うみ》が見《み》えてくる。

《季語《きご》》夏山 … 《季節《きせつ》》夏

1

(1) 俳句《はいく》を五《ご》・七《しち》・五《ご》の音《おん》に分《わ》けて、ひらがなで書《か》きましょう。

はるのうみ		

(2) この俳句《はいく》で読《よ》まれている春《はる》の海《うみ》は、どんな海《うみ》ですか。○をつけましょう。

（　）波《なみ》がゆっくりうちよせる海《うみ》。
（　）波《なみ》が高《たか》くうねっているあらあらしい海《うみ》。

2

(1) 俳句《はいく》を五《ご》・七《しち》・五《ご》の音《おん》に分《わ》けて、ひらがなで書《か》きましょう。

(2) 夏山《なつやま》にのぼるにつれ何《なに》が見《み》えてきますか。[　]に書《か》きましょう。

明《あか》るい夏《なつ》の[　　　　]

(令和二年度版　光村図書　国語　三上　わかば「俳句を楽しもう」による)

俳《はい》句《く》を楽《たの》しもう (6)

名前

● つぎの俳《はい》句《く》を二回《にかい》読《よ》んで、答《こた》えましょう。

1

名月《めいげつ》や池《いけ》をめぐりて夜《よ》もすがら

松尾《まつお》 芭蕉《ばしょう》

中秋《ちゅうしゅう》の名月《めいげつ》の光《ひかり》が、池《いけ》の水《みず》にうつって㋐あまりにもうつくしいので、ひとばんじゅう池《いけ》のまわりを歩《ある》きながらながめていました。

《季語》 名月 … 《季節》 秋

2

かきくえば鐘《かね》が鳴《な》るなり法隆寺《ほうりゅうじ》

正岡《まさおか》 子規《しき》

かきは奈良《なら》の名物《めいぶつ》で、法隆寺《ほうりゅうじ》は奈良《なら》の有名《ゆうめい》なお寺《てら》です。作者《さくしゃ》は、旅行《りょこう》で奈良《なら》に来《き》たのです。かきを食《た》べていると、ちょうど法隆寺《ほうりゅうじ》の鐘《かね》の音《ね》が聞《き》こえてきました。

（令和二年度版　教育出版　ひろがる言葉　小学国語　三上「俳句に親しむ」による）

1 1の俳《はい》句《く》の季語《きご》と季節《きせつ》を書《か》きましょう。

(1) 俳《はい》句《く》を五《ご》・七《しち》・五《ご》の音《おん》に分《わ》けて、ひらがなで書《か》きましょう。

めいげつや

(2) ㋐あまりにもうつくしいので、ひとばんじゅう何《なに》をながめていましたか。○をつけましょう。

（　）月《つき》

（　）池《いけ》のまわり

2

(1) この俳《はい》句《く》の季語《きご》は「かき」です。季《き》節《せつ》はいつを表《あらわ》していますか。一《ひと》つに○をつけましょう。

（　）春《はる》

（　）夏《なつ》

（　）秋《あき》

(2) かきを食《た》べていると何《なに》が聞《き》こえてきましたか。

（　）かきが木《き》から落《お》ちる音《おと》

（　）鐘《かね》の音《おと》

国語《こくご》辞典《じてん》を使《つか》おう (1)

名前

● 国語《こくご》辞典《じてん》には、図《ず》のように「つめ」があります。つぎの言葉《ことば》を調《しら》べるときは、「あ」～「わ」のどの「つめ」のところを開《ひら》けるとよいですか。□に「あ」～「わ」の文字《もじ》を書《か》いて答《こた》えましょう。

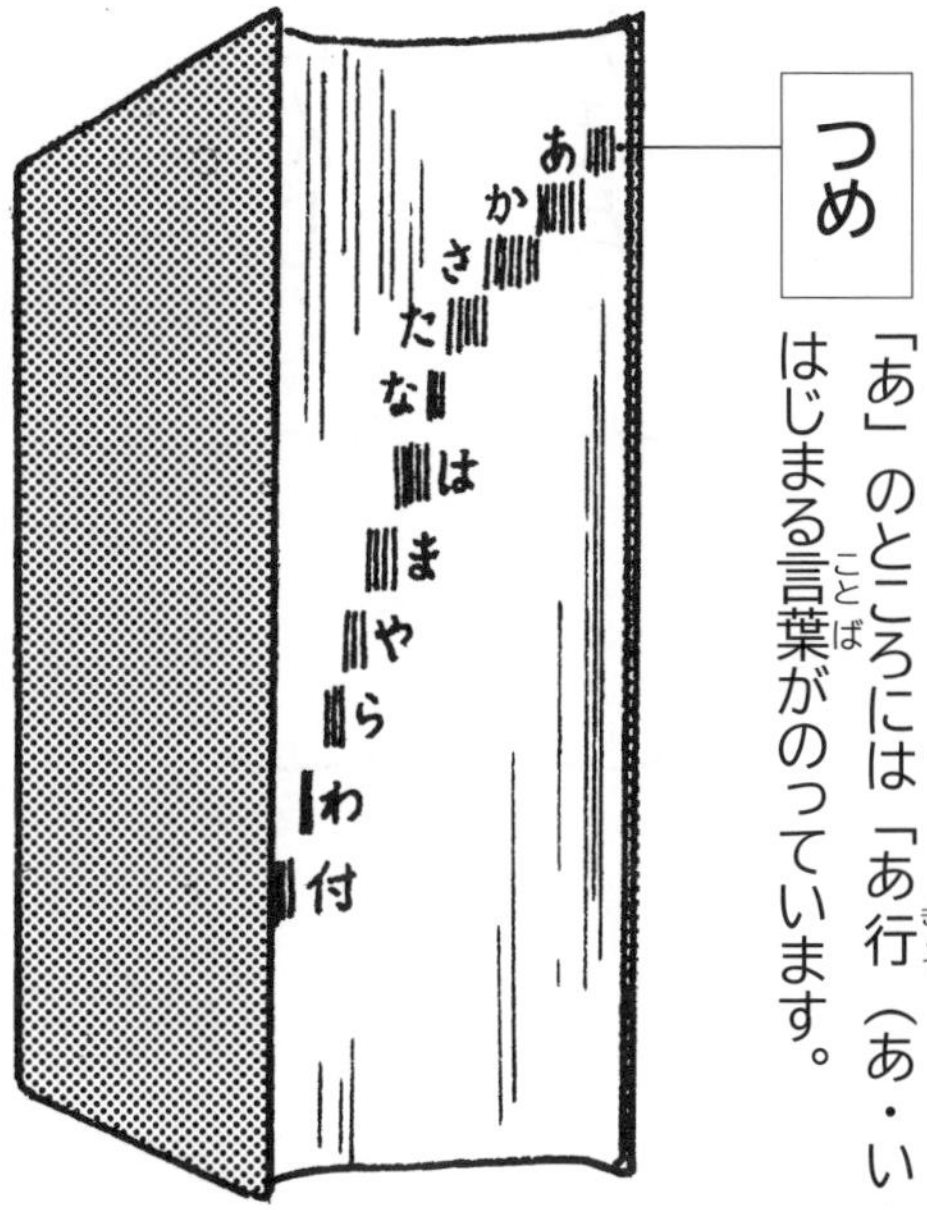

「あ」のところには「あ行《ぎょう》(あ・い・う・え・お)」ではじまる言葉《ことば》がのっています。

① えがお → あ のつめ

② せかい → □ のつめ

③ みぶり → □ のつめ

④ ゆかた → □ のつめ

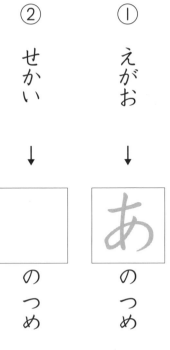

国語辞典《こくごじてん》を使《つか》おう　(2)

名前

● つぎの言葉《ことば》を調《しら》べます。国語辞典《こくごじてん》でならんでいる順《じゅん》に、1・2や1・2・3と番号《ばんごう》を書《か》きましょう。
（言葉《ことば》は五十音順《ごじゅうおんじゅん》（「あいうえお」の順《じゅん》）に、ならんでいます。）

①
あひる（ 1 ）
かもめ（ 2 ）

②
たいいく（　）
おんがく（　）

③
にんじん（　）
かぼちゃ（　）

④
うれしい（　）
たのしい（　）

⑤
きりん（　）
ひつじ（　）
しまうま（　）

⑥
たこ（　）
あざらし（　）
かめ（　）

国語《こくご》辞典《じてん》を使《つか》おう (3)

名前

● つぎの言葉《ことば》は一字目《いちじめ》が同《おな》じ音《おん》です。二字目《にじめ》を見《み》て調《しら》べましょう。国語《こくご》辞典《じてん》で出《で》てくる順《じゅん》に、1・2や1・2・3と番号《ばんごう》を書《か》きましょう。

①
かえる（1）
かに（2）

②
さいふ（　）
さつまいも（　）

③
ほん（　）
ほうせき（　）

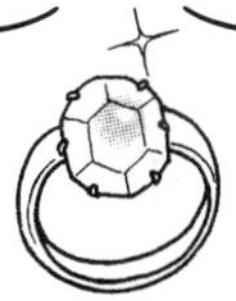

④
あさがお（　）
あり（　）

⑤
いす（　）
いぬ（　）
いと（　）

⑥
たぬき（　）
たいこ（　）
たんぼ（　）

国語《こくご》辞典《じてん》を使《つか》おう　(4)

名前

(1) つぎのような音《おん》を何《なん》といいますか。下《した》からえらんで、――線《せん》でつなぎましょう。

① 「は、ひ、ふ、へ、ほ」・・・など　・　　・　だく音《おん》

② 「ば、び、ぶ、べ、ぼ」・・・など　・　　・　半《はん》だく音《おん》

③ 「ぱ、ぴ、ぷ、ぺ、ぽ」・・・など　・　　・　清音《せいおん》

(2) 国語辞典《こくごじてん》では、清音《せいおん》→だく音《おん》→半《はん》だく音《おん》の順《じゅん》にならんでいます。国語辞典《こくごじてん》に先《さき》に出《で》てくる言葉《ことば》に○をつけましょう。

① かき（○）　かぎ（　）

② ぶた（　）　ふた（　）

③ みそ（　）　みぞ（　）

④ ポーズ（　）　ホース（　）

⑤ おんぷ（　）　おんぶ（　）

⑥ ピット（　）　ヒット（　）

わからない言葉《ことば》があるときは、辞典《じてん》で調《しら》べてみよう。

国語《こく》辞典《じてん》を使《つか》おう　(5)

名前

(1)　国語《こくご》辞典《じてん》では、大《おお》きく書《か》くかな（つ・や・ゆ・よ）→小《ちい》さく書《か》くかな（っ・ゃ・ゅ・ょ）の順《じゅん》にならんでいます。先《さき》に出《で》てくる言葉《ことば》に○をつけましょう。

①
- びょういん（　　）
- びよういん（　　）

②
- いしゃ（　　）
- いしや（　　）

③
- おもちや（　　）
- おもちゃ（　　）

④
- じゅう（　　）
- じゆう（　　）

(2)　国語《こくご》辞典《じてん》では、ひらがな→かたかなの順《じゅん》にならんでいます。先《さき》に出《で》てくる言葉《ことば》に○をつけましょう。

①
- パット（　　）
- ぱっと（　　）

②
- はいく（　　）
- ハイク（　　）

③
- ぼたん（　　）
- ボタン（　　）

④
- くも（　　）
- クモ（　　）

国語《こくご》辞典《じてん》を使《つか》おう　(6)

名前

● かたかなの言葉《ことば》を読《よ》みましょう。つぎに、その音《おん》を□にひらがなで書《か》きましょう。さいごに、国語辞典《こくごじてん》で㋐と㋑の言葉《ことば》が先《さき》に出《で》てくるほうに、○をつけましょう。

①

スープ → すうぷ

㋐ スープ（　）
㋑ すいか（　）

②

サーカス → □□□□

㋐ サーカス（　）
㋑ さかな（　）

③

コーヒー → □□□□

㋐ コーヒー（　）
㋑ コアラ（　）

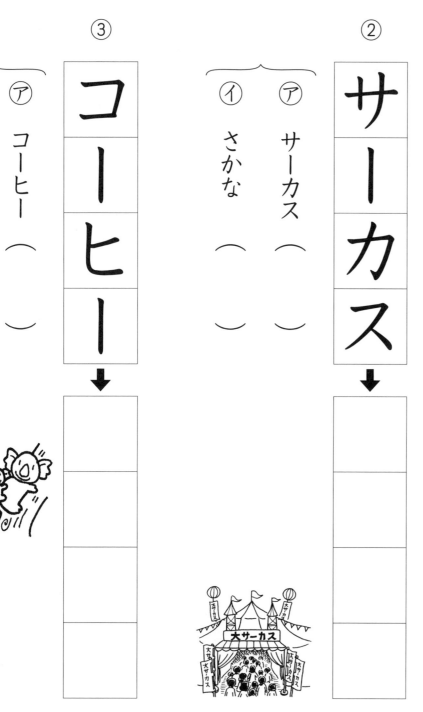

漢字《かんじ》の音《おん》と訓《くん》（1）

名前

● 次《つぎ》の文章《ぶんしょう》を二回《にかい》読《よ》んで、答《こた》えましょう。

今日《きょう》は、朝早くおきて、
ゆっくり朝食をとった。

漢字《かんじ》の読《よ》み方《かた》には、
「音《おん》」と「訓《くん》」があります。
「朝」をれいに見《み》てみましょう。

朝
（音《おん》）チョウ　朝食《ちょうしょく》　早朝《そうちょう》
（訓《くん》）あさ　朝《あさ》　朝顔《あさがお》

「チョウ」のような「音《おん》」は、
聞《き》いただけでは意味《いみ》の
分《わ》かりにくいものが多《おお》く、
「あさ」のような「訓《くん》」には、
聞《き》いてすぐに意味《いみ》の分《わ》かる
ものがたくさんあります。

（令和二年度版　光村図書　国語　三上　わかば　「漢字の音と訓」による）

(1) 「朝早く」と「朝食」の漢字《かんじ》の読《よ》み方《かた》を、□にひらがなで書《か》きましょう。

① 朝早く
（　　　　）く

② 朝食
（　　　　）

(2) （　）にあてはまる言葉《ことば》を書《か》きましょう。

漢字《かんじ》の読《よ》み方《かた》には、
「音」と
「訓」が
あります。

(3) 次《つぎ》の①・②の文章《ぶんしょう》は、「音《おん》」と「訓《くん》」のどちらの読《よ》み方《かた》の説明《せつめい》ですか。（　）に「音《おん》」には「お」、「訓《くん》」には「く」と、書《か》きましょう。

① （　）聞《き》いてすぐに意味《いみ》のわかるものがたくさんある。

② （　）聞《き》いただけでは意味《いみ》の分《わ》かりにくいものが多《おお》い。

漢字《かんじ》の音《おん》と訓《くん》 (2)

名前

● 下《した》の文《ぶん》の―の漢字《かんじ》の（　）に、その漢字《かんじ》の読《よ》み方《かた》を上《うえ》の音と訓からえらんで書《か》きましょう。

① 山
音 サン
訓 やま

あの山㋐が、ふじ山㋑です。

㋐（やま）㋑（サン）

② 水
音 スイ
訓 みず

水㋐道《どう》の水㋑をコップに入《い》れる。

㋐（スイ）㋑（みず）

③ 近
音 キン
訓 ちかい

近㋐じょのパンやさんまでの近㋑道《みち》。

㋐（キン）㋑（ちか）

④ 小
音 ショウ
訓 ちいさい

小㋐学《がっ》校《こう》に小㋑さい池《いけ》がある。

㋐（ショウ）㋑（ちい）

⑤ 話
音 ワ
訓 はなし

えい会《かい》話㋐の先《せん》生《せい》から話㋑を聞《き》いた。

㋐（ワ）㋑（はなし）

漢字《かんじ》の音《おん》と訓《くん》 (3)

名前

● 下《した》の文《ぶん》の―の漢字《かんじ》の（　）に、その漢字《かんじ》の読《よ》み方《かた》を上《うえ》の音と訓からえらんで書《か》きましょう。

① 山

音 サン
訓 やま

ふじ山㋐には、山㋑小屋《ごや》がある。

㋐（　　　）
㋑（　　　）

② 水

音 スイ
訓 みず

水㋐泳《えい》教室《きょうしつ》のプールの水㋑はつめたい。

㋐（　　　）
㋑（　　　）

③ 近

音 キン
訓 ちかい

いちばん近㋐いえきは学校《がっこう》の近㋑じょだ。

㋐（　　　）
㋑（　　　）

④ 小

音 ショウ
訓 ちいさい

小㋐数《すう》を使《つか》って小㋑さい数《かず》を数《かぞ》える。

㋐（　　　）
㋑（　　　）

⑤ 話

音 ワ
訓 はなし

先《せん》生《せい》と電《でん》話㋐で学《がっ》校《こう》の話㋑をした。

㋐（　　　）
㋑（　　　）

漢字《かんじ》の音《おん》と訓《くん》 (4)

名前

● 下《した》の文《ぶん》の―の漢字《かんじ》の（　）に、その漢字《かんじ》の読《よ》み方《かた》を上《うえ》の音と訓からえらんで書《か》きましょう。

① 切
音 セツ
訓 きる

大切《たい》㋐な折《お》り紙《がみ》をはさみで切㋑る。
㋐（セツ）㋑（き）

② 楽
音 ガク
訓 たのしい

音楽《おん》㋐を聞《き》くのは、楽㋑しい。
㋐（ガク）㋑（たの）

③ 回
音 カイ
訓 まわす

なわを回㋐した回㋑数《すう》を書《か》く。
㋐（まわ）㋑（カイ）

④ 道
音 ドウ
訓 みち

この道㋐は、県《けん》道㋑だ。
㋐（みち）㋑（ドウ）

⑤ 氷
音 ヒョウ
訓 こおり

氷㋐山《ざん》の氷㋑がとける。
㋐（ヒョウ）㋑（こおり）

漢字《かんじ》の音《おん》と訓《くん》 (5)

名前

● 下《した》の文《ぶん》の—の漢字《かんじ》の（　）に、その漢字《かんじ》の読《よ》み方《かた》を上《うえ》の音と訓からえらんで書《か》きましょう。

① 切
音 セツ
訓 きる
大《たい》切㋐なリボンを半分《はんぶん》に切㋑る。
㋐（　　）
㋑（　　）

② 楽
音 ガク
訓 たのしい
楽㋐しい曲《きょく》をえんそうする楽㋑だん。
㋐（　　）
㋑（　　）

③ 回
音 カイ
訓 まわす
ハンドルを回㋐してタイヤを回㋑てんさせる。
㋐（　　）
㋑（　　）

④ 道
音 ドウ
訓 みち
この坂《さか》道㋐をのぼると歩《ほ》道㋑がある。
㋐（　　）
㋑（　　）

⑤ 氷
音 ヒョウ
訓 こおり
海《うみ》の氷㋐が流《なが》れ出《で》たものを流《りゅう》氷㋑という。
㋐（　　）
㋑（　　）

漢字《かんじ》の音《おん》と訓《くん》 (6)

名前

● 下《した》の文《ぶん》の―の漢字《かんじ》の（　）に、その漢字《かんじ》の読《よ》み方《かた》を上《うえ》の音と訓から
えらんで書《か》きましょう。

① 馬　音 バ　訓 うま

ぼくじょうの馬㋐で、乗《じょう》馬㋑を体《たい》けんする。

㋐（うま）㋑（バ）

② 店　音 テン　訓 みせ

お店㋐の開《かい》店㋑セール。

㋐（みせ）㋑（テン）

③ 教　音 キョウ　訓 おしえる

教㋐室《しつ》で絵《え》を教㋑える。

㋐（キョウ）㋑（おし）

④ 海　音 カイ　訓 うみ

海㋐から海㋑水《すい》をくんで、しおを作《つく》る。

㋐（うみ）㋑（カイ）

⑤ 星　音 セイ　訓 ほし

星㋐空《ぞら》の中《なか》から星㋑ざをみつける。

㋐（ほし）㋑（セイ）

漢字《かんじ》の音《おん》と訓《くん》 (7)

名前

● 下《した》の文《ぶん》の―の漢字《かんじ》の（　）に、その漢字《かんじ》の読《よ》み方《かた》を上《うえ》の音と訓からえらんで書《か》きましょう。

① 馬
音 バ
訓 うま

馬《ア》車《しゃ》を馬《イ》が引《ひ》く。

㋐（　）
㋑（　）

② 店
音 テン
訓 みせ

父《ちち》はこの店《ア》の店《イ》長《ちょう》だ。

㋐（　）
㋑（　）

③ 教
音 キョウ
訓 おしえる

教《ア》科《か》書《しょ》の問《もん》題《だい》を教《イ》えてもらう。

㋐（　）
㋑（　）

④ 海
音 カイ
訓 うみ

海《ア》をわたって来《き》た海《イ》外《がい》の人《ひと》たち。

㋐（　）
㋑（　）

⑤ 星
音 セイ
訓 ほし

星《ア》空《ぞら》をながめていると流《りゅう》星《イ》が流《なが》れた。

㋐（　）
㋑（　）

漢字《かんじ》の音《おん》と訓《くん》 (8)

名前

● 下《した》の文《ぶん》の―の漢字《かんじ》の（　）に、その漢字《かんじ》の読《よ》み方《かた》を上《うえ》の音と訓から
えらんで書《か》きましょう。

① 相
音 ソウ
訓 あい

相㋐談《だん》する相㋑手《て》を見《み》つける。
㋐（ソウ）㋑（あい）

② 晴
音 セイ
訓 はれ

雲《くも》ひとつなく晴㋐れた。晴㋑天《てん》だ。
㋐（は）㋑（セイ）

③ 炭
音 タン
訓 すみ

木《き》で作《つく》った炭㋐を木《もく》炭㋑という。
㋐（すみ）㋑（タン）

④ 生
音 セイ
訓 いきる

先《せん》生㋐から海《うみ》の生㋑き物《もの》の話《はなし》を聞《き》いた。
㋐（セイ）㋑（い）

⑤ 食
音 ショク
訓 たべる

給《きゅう》食㋐のカレーをたくさん食㋑べた。
㋐（ショク）㋑（た）

漢字《かんじ》の音《おん》と訓《くん》 (9)

名前

● 下《した》の文《ぶん》の―の漢字《かんじ》の（　）に、その漢字《かんじ》の読《よ》み方《かた》を上《うえ》の音と訓からえらんで書《か》きましょう。

① 相
音 ソウ
訓 あい

㋐（　　）
㋑（　　）

きょうそう相㋐手《て》の相㋑談《だん》にのる。

② 晴
音 セイ
訓 はれ

㋐（　　）
㋑（　　）

あしたは晴㋐れ、晴㋑天《てん》だそうだ。

③ 炭
音 タン
訓 すみ

㋐（　　）
㋑（　　）

木《もく》炭㋐を使《つか》って炭㋑火《び》やきを作《つく》る。

④ 生
音 セイ
訓 いきる

㋐（　　）
㋑（　　）

イルカは海《うみ》で生㋐きる動物《どうぶつ》だと先《せん》生㋑が言《い》った。

⑤ 食
音 ショク
訓 たべる

㋐（　　）
㋑（　　）

食㋐どうで、うどんを食㋑べる。

漢字《かんじ》の音《おん》と訓《くん》 ⑽

名前

● 下《した》の文《ぶん》の―の漢字《かんじ》の（　）に、その漢字《かんじ》の読《よ》み方《かた》を上《うえ》の音と訓からえらんで書《か》きましょう。

① 命
音 メイ
訓 いのち

人命《じんめい》(ア)をすくった人《ひと》の話《はなし》を聞《き》いて、命(イ)の大切《たいせつ》さを知《し》った。

(ア)（メイ）　(イ)（いのち）

② 庭
音 テイ
訓 にわ

庭(ア)の花《はな》と同《おな》じ花《はな》が校庭《こう》(イ)にもさいている。

(ア)（にわ）　(イ)（テイ）

③ 見
音 ケン
訓 みる

田《た》植《う》えを見学《がく》(ア)したとき、かえるを見(イ)た。

(ア)（ケン）　(イ)（み）

④ 虫
音 チュウ
訓 むし

てんとう虫(ア)はこん虫(イ)のなか間《ま》です。

(ア)（むし）　(イ)（チュウ）

⑤ 写
音 シャ
訓 うつす

写(ア)真《しん》を写(イ)す。

(ア)（シャ）　(イ)（うつ）

漢字《かんじ》の音《おん》と訓《くん》 (11)

名前

● 下《した》の文《ぶん》の—の漢字《かんじ》の（　）に、その漢字《かんじ》の読《よ》み方《かた》を上《うえ》の音と訓からえらんで書《か》きましょう。

①
命
音 メイ
訓 いのち

命㋐の大切《たいせつ》さを知《し》ってきゅう命㋑のしごとをする。

㋐（　　）
㋑（　　）

②
庭
音 テイ
訓 にわ

中《なか》庭㋐から校《こう》庭㋑に、いすを持《も》って行《い》く。

㋐（　　）
㋑（　　）

③
見
音 ケン
訓 みる

空《そら》を見㋐ているときに、星《ほし》を発《はっ》見㋑した。

㋐（　　）
㋑（　　）

④
虫
音 チュウ
訓 むし

虫㋐めがねを使《つか》ってこん虫㋑をかんさつする。

㋐（　　）
㋑（　　）

⑤
写
音 シャ
訓 うつす

写㋐本《ほん》を写㋑してべん強《きょう》をする。

㋐（　　）
㋑（　　）

漢字《かんじ》の音《おん》と訓《くん》 ⑿
——送《おく》りがな

名前

(1) つぎの文《ぶん》を読《よ》みましょう。□の言葉《ことば》を書《か》きましょう。

漢字《かんじ》を「訓《くん》」で読《よ》むときには、「[送りがな]」が、ひつような場合《ばあい》があります。

㋐ ひらがなを、弟《おとうと》に教《おし》える。
㋑ 漢字《かんじ》を、兄《あに》から教《おそ》わる。

㋐と㋑は「教」という字《じ》を使《つか》っていますが、「教《おし》える」と「教《おそ》わる」では、文《ぶん》の意味《いみ》がちがいます。

「送《おく》りがな」は、漢字《かんじ》の[読み方]や、[意味]をはっきりさせるはたらきがあります。

(2) 次《つぎ》の文《ぶん》の□に、送《おく》りがなを書《か》きましょう。

① スープをなべで温《あたた》[める]。
ふとんの中《なか》は、温《あたた》[かい]。

② 台風《たいふう》で風《かぜ》が、強《つよ》[まる]。
親子《おやこ》のつながりを、強《つよ》[める]。

③ おやつを妹《いもうと》と分《わ》[ける]。
先生《せんせい》のせつめいは、よく分《わ》[かる]。

漢字《かんじ》の音《おん》と訓《くん》 ⒀
——送《おく》りがな

名前

(1) つぎの文《ぶん》を読《よ》みましょう。□にあてはまる言葉《ことば》を後《あと》の（　）からえらんで書《か》きましょう。

漢字《かんじ》を「訓《くん》」で読《よ》むときには、「□」が、ひつような場合《ばあい》があります。

ⓐ ひらがなを、弟《おとうと》に教《おし》える。
ⓘ 漢字《かんじ》を、兄《あに》から教《おそ》わる。

ⓐとⓘは「教」という字《じ》を使《つか》っていますが、「教《おし》える」と「教《おそ》わる」では、文《ぶん》の意味《いみ》がちがいます。

「送《おく》りがな」は、漢字《かんじ》の□や、□をはっきりさせるはたらきがあります。

（意味《いみ》　読《よ》み方《かた》　送《おく》りがな）

(2) 次《つぎ》の文《ぶん》の□に、下《した》の□からえらんで、送《おく》りがなを書《か》きましょう。

①
スープをなべで温《あたた》□。
ふとんの中《なか》は、温《あたた》□。

（かい　める）

②
台風《たいふう》で風《かぜ》が、強《つよ》□。
親子《おやこ》のつながりを、強《つよ》□。

（まる　める）

③
おやつを妹《いもうと》と分《わ》□。
先生《せんせい》のせつめいは、よく分《わ》□。

（かる　ける）

手紙《てがみ》の書《か》き方《かた》・あて名《な》の書《か》き方《かた》（1）

——手紙《てがみ》の書《か》き方《かた》

名前

● つぎの手紙《てがみ》を読《よ》みましょう。

はじめのあいさつ

おばあちゃんへ。
まだまだ暑《あつ》い日《ひ》がつづいていますが、
お元気《げんき》ですか。

つたえること

十月十日《じゅうがつとおか》（土《ど》）に小学校《しょうがっこう》で、運動《うんどう》
会《かい》があります。
ぼくは、八十《はちじゅう》メートル走《そう》と、台風《たいふう》の
目《め》リレーと、鳴子《なるこ》おどりに出《で》ます。
ぜひ見《み》に来《き》てください。

書《か》いた日《ひ》

九月十五日《くがつじゅうごにち》

自分《じぶん》の名前《なまえ》

森田《もりた》　しゅんすけ

手紙《てがみ》の書《か》き方《かた》・あて名《な》の書《か》き方《かた》（2）
——手紙《てがみ》の書《か》き方《かた》

名前

● つぎの手紙《てがみ》を書《か》きましょう。

ア
おばあちゃんへ。
まだまだ暑い日がつづいていますが、お元気ですか。

イ
十月十日（土）に小学校で、運動会があります。
ぼくは、八十メートル走と、台風の目リレーと、鳴子おどりに出ます。
ぜひ見に来てください。

ウ
九月十五日

エ
森田　しゅんすけ

ア　はじめのあいさつ
イ　つたえること
ウ　書《か》いた日《ひ》
エ　自分《じぶん》の名前《なまえ》

手紙《てがみ》の書《か》き方《かた》・あて名《な》の書《か》き方《かた》（3）
——手紙《てがみ》の書《か》き方《かた》

名前

●「はじめのあいさつ」・「つたえること」・「書《か》いた日《ひ》」・「自分《じぶん》の名前《なまえ》」をかくにんして、手紙《てがみ》を書《か》いてみましょう。

（「手紙《てがみ》の書《か》き方《かた》・あて名《な》の書《か》き方《かた》(2)」の手紙《てがみ》をうつしても、自分《じぶん》で考《かんが》えて書《か》いてもよいです。）

手紙《てがみ》の書《か》き方《かた》・あて名《な》の書《か》き方《かた》（4）

―あて名《な》の書《か》き方《かた》

名前

● はがきの①〜⑥には、何《なに》を書《か》きますか。［　］からえらんで［　］に書《か》きましょう。

〈はがき　おもて〉

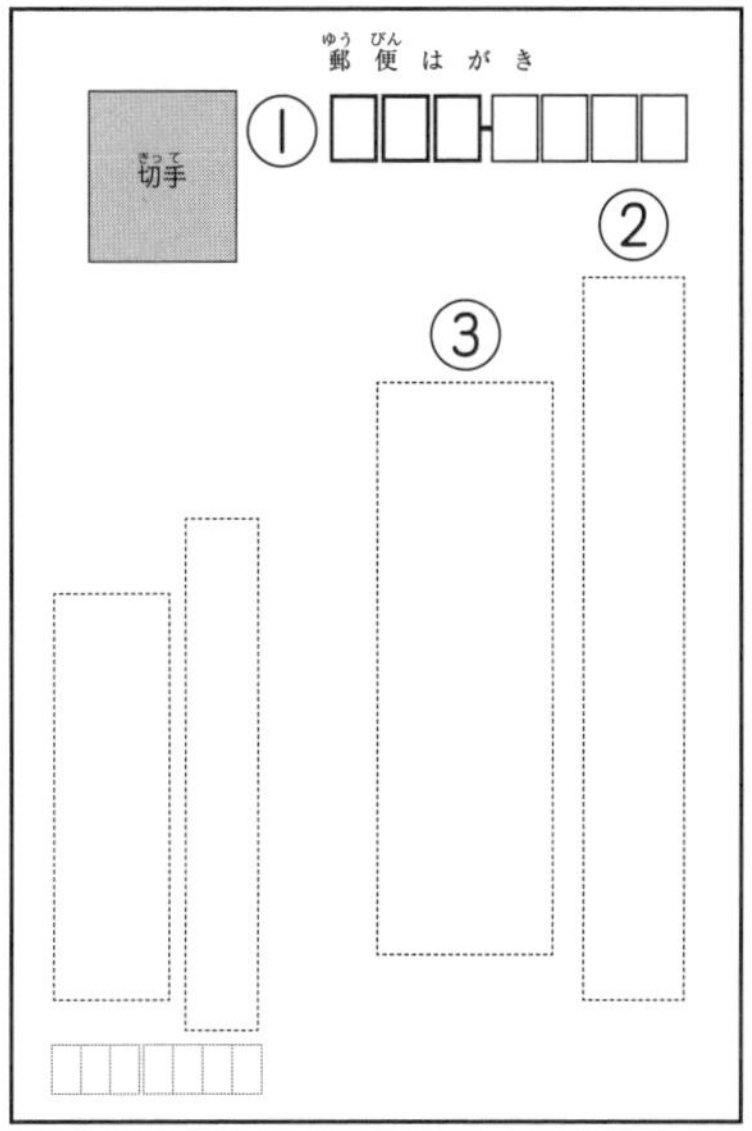

①　相手《あいて》の［　　　］

②　相手《あいて》の［　　　］

③　相手《あいて》の［　　　］

［住所《じゅうしょ》　名前《なまえ》　ゆうびん番号《ばんごう》］

〈はがき　おもて〉

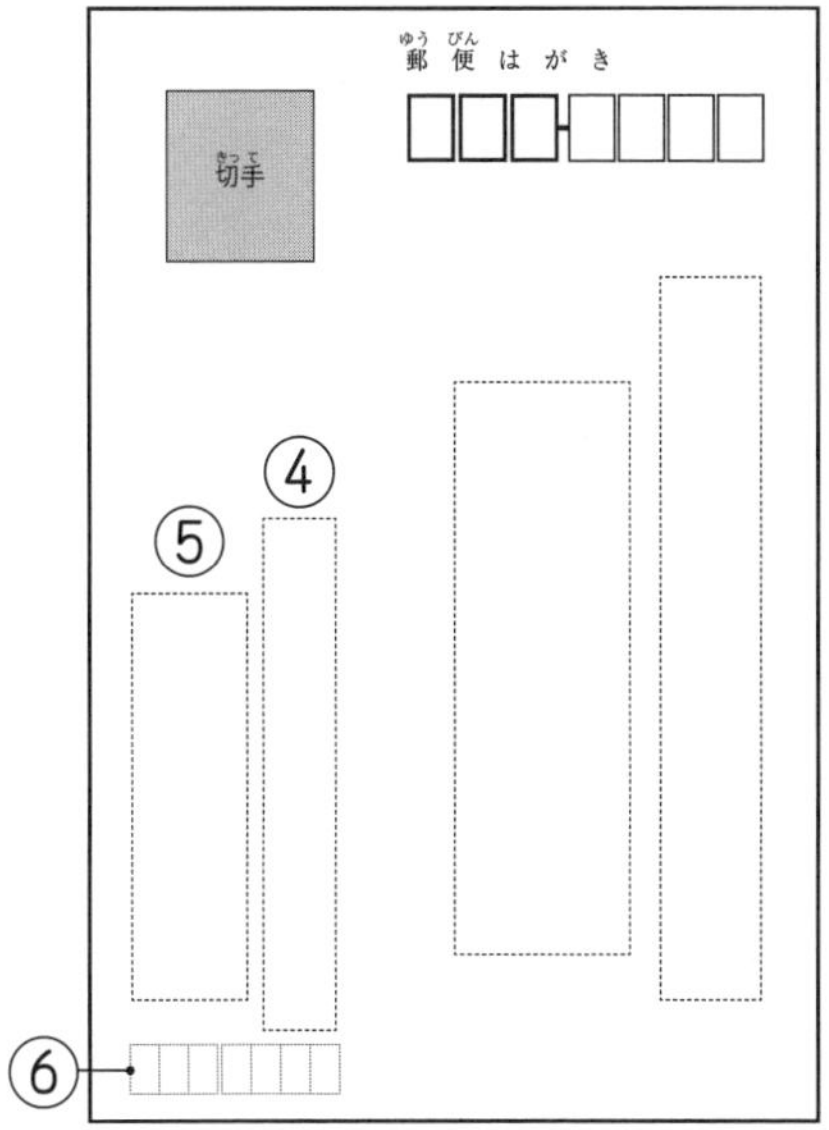

④　書《か》いた人《ひと》の［　　　］

⑤　書《か》いた人《ひと》の［　　　］

⑥　書《か》いた人《ひと》の［　　　］

［住所《じゅうしょ》　名前《なまえ》　ゆうびん番号《ばんごう》］

手紙《てがみ》の書《か》き方《かた》・あて名《な》の書《か》き方《かた》 (5)

——あて名《な》の書《か》き方《かた》

名前

● ふうとうの①〜⑥には、何《なに》を書《か》きますか。□からえらんで□に書《か》きましょう。

〈ふうとう　おもて〉

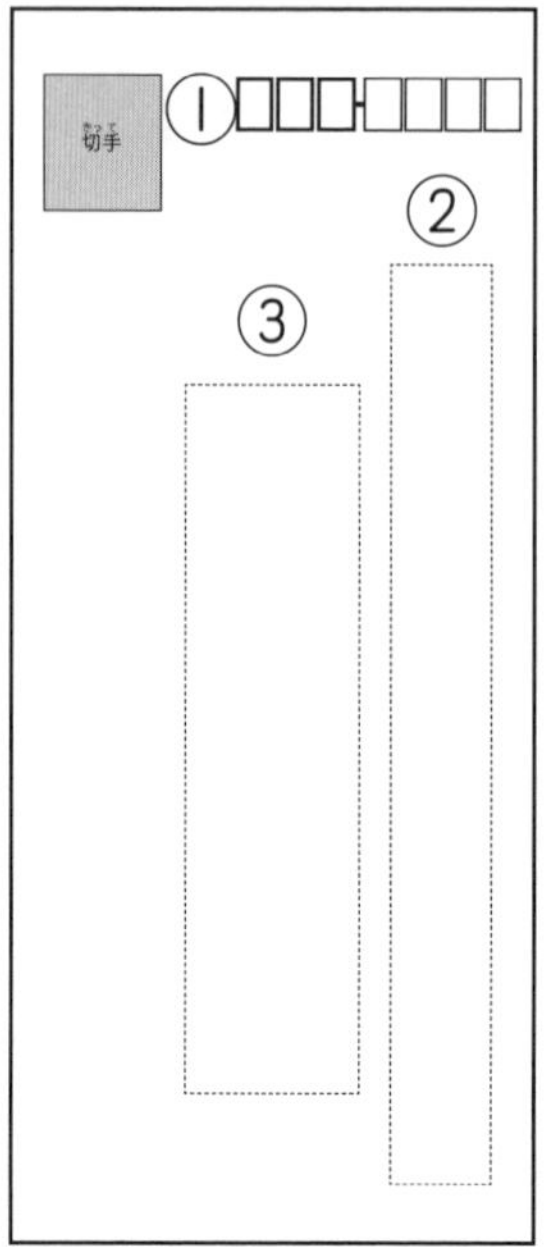

① 相手《あいて》の［　　］

② 相手《あいて》の［　　］

③ 相手《あいて》の［　　］

住所《じゅうしょ》　名前《なまえ》　ゆうびん番号《ばんごう》

〈ふうとう　うら〉

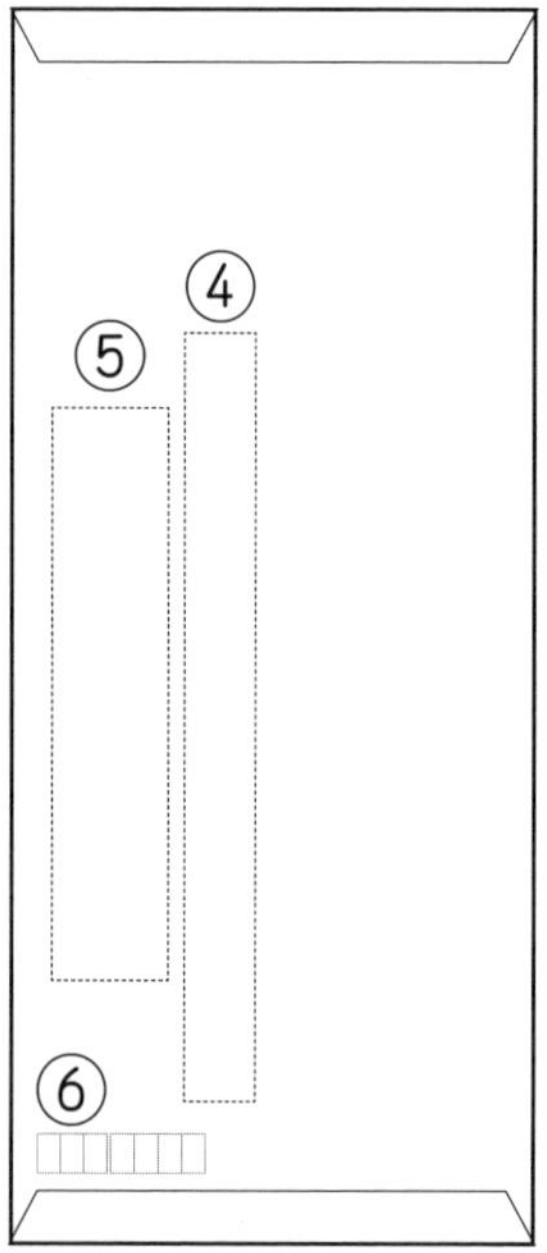

④ 書《か》いた人《ひと》の［　　］

⑤ 書《か》いた人《ひと》の［　　］

⑥ 書《か》いた人《ひと》の［　　］

住所《じゅうしょ》　名前《なまえ》　ゆうびん番号《ばんごう》

手紙《てがみ》の書《か》き方《かた》・あて名《な》の書《か》き方《かた》(6)

――あて名《な》の書《か》き方《かた》

名前

(1) ゆうびんで出《だ》す相手《あいて》を考《かんが》えて、はがきのあて名《な》を書《か》いてみましょう。

〈はがき　おもて〉

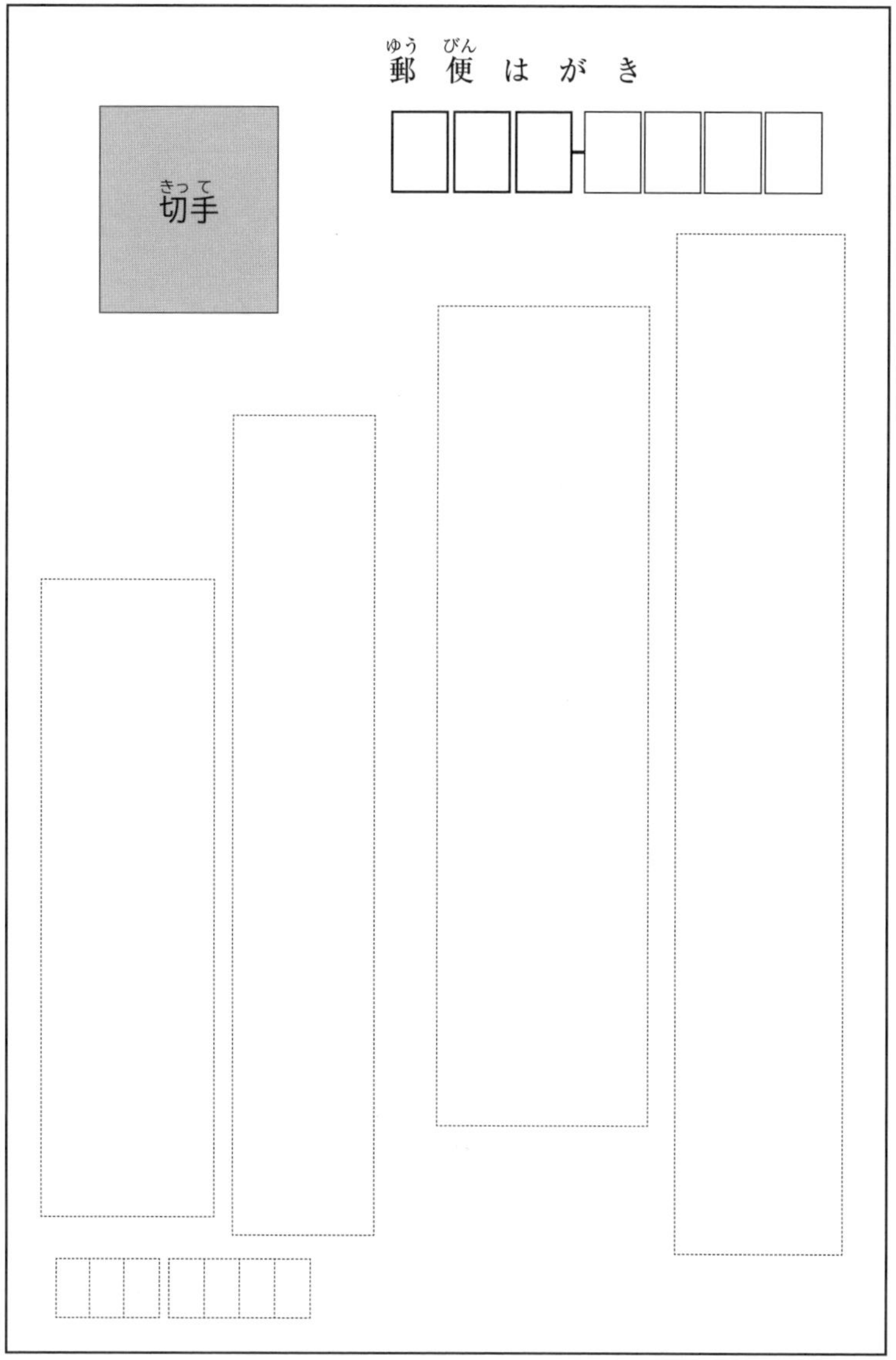

(2) 相手《あいて》に、はがきでつたえたいことを、書《か》いてみましょう。

〈はがき　うら〉

手紙《てがみ》の書《か》き方《かた》・あて名《な》の書《か》き方《かた》
——あて名《な》の書《か》き方《かた》（7）

名前

● ゆうびんで出《だ》す相手《あいて》を考《かんが》えて、ふうとうの表《おもて》に、あて名《な》や住所《じゅうしょ》を書《か》いてみましょう。ふうとうのうらに、書《か》いた人《ひと》の名前《なまえ》や住所《じゅうしょ》を書《か》いてみましょう。

〈ふうとう　おもて〉

〈ふうとう　うら〉

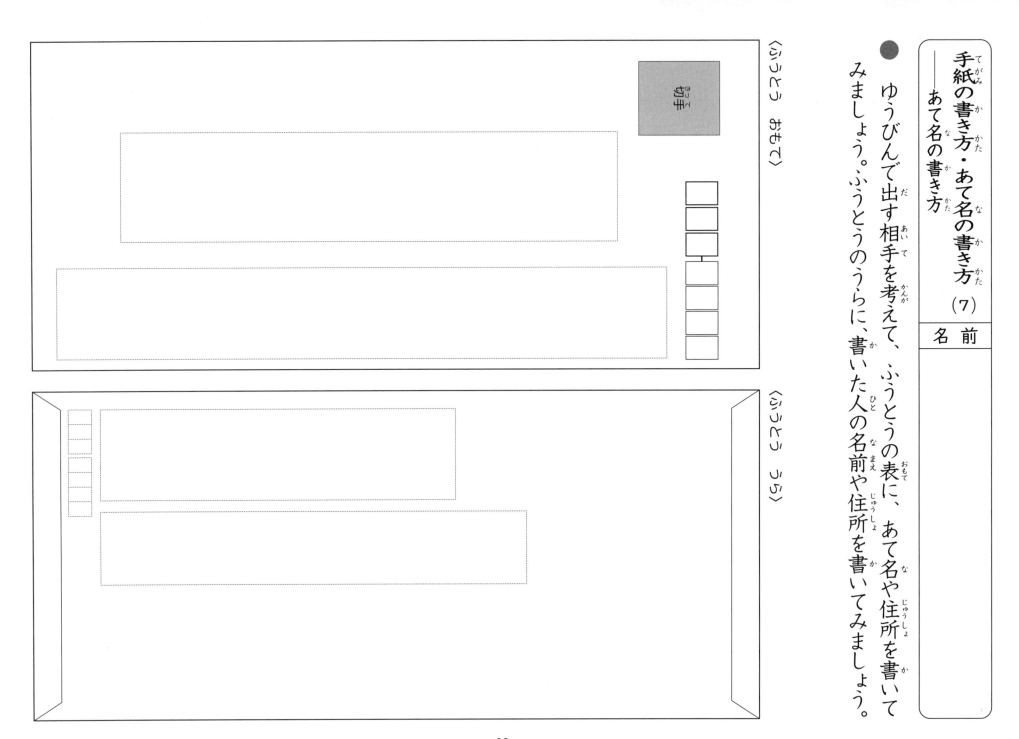

こそあど言葉《ことば》 (1)

名前

● つぎの文《ぶん》は、「こそあど言葉《ことば》」について書《か》いた文《ぶん》です。

・読《よ》みましょう。
・□の文字《もじ》を書《か》きましょう。
・もう一回《いっかい》、読《よ》みましょう。

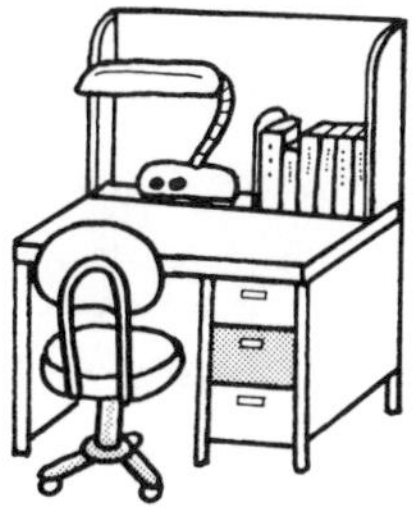

「この・その・あの」や
「これ・それ・あれ」などは
物《もの》などを指《さ》ししめすときに使《つか》い、
「どの・どれ・どこ」などは、
たずねるときに使《つか》います。
このような言葉《ことば》をまとめて
「こそあど言葉」と
言《い》います。

こそあど言葉《ことば》 (2)

名前

● つぎの表《ひょう》は、「こそあど言葉《ことば》」の使《つか》い分《わ》けをまとめた表《ひょう》です。グレーの文字《もじ》を書《か》きましょう。

	こ	そ	あ	ど
	話《はな》し手《て》に近《ちか》い	聞《き》き手《て》に近《ちか》い	話《はな》し手《て》からも聞《き》き手《て》からも遠《とお》い	指《さ》ししめすものがはっきりしない
ものごと	これ この	それ その	あれ あの	どれ どの
場所《ばしょ》	ここ	そこ	あそこ	どこ
方向《ほうこう》	こちら こっち	そちら そっち	あちら あっち	どちら どっち
様子《ようす》	こんな こう	そんな そう	あんな ああ	どんな どう

こそあど言葉《ことば》 (3)

名前

● つぎの表《ひょう》の［　］にあてはまる「こそあど言葉《ことば》」を書《か》きましょう。

	こ	そ	あ	ど
	話《はな》し手《て》に近《ちか》い	聞《き》き手《て》に近《ちか》い	話《はな》し手《て》からも聞《き》き手《て》からも遠《とお》い	指《さ》ししめすものがはっきりしない
ものごと	［　］［　］	［　］［　］	［　］［　］	［　］［　］
場所《ばしょ》	［　］	［　］	［　］	［　］
方向《ほうこう》	こっち ［　］	そっち ［　］	あっち ［　］	どっち ［　］
様子《ようす》	こう ［　］	そう ［　］	ああ ［　］	どう ［　］

こそあど言葉《ことば》 (4)

名前

● つぎの文《ぶん》から「こそあど言葉《ことば》」を見《み》つけて——線《せん》をひきましょう。
□に見《み》つけた言葉《ことば》を書《か》きましょう。

① あれが ぼくの 家《いえ》です。

あれ

② その 絵《え》は、先生《せんせい》が かいた 絵《え》だ。

③ あの すべり台《だい》で あそぼう。

④ どれが あなたの かさですか。

⑤ そこに ある くつを はいて みます。

⑥ 黒《くろ》い ねこは、どこに いったのかな。

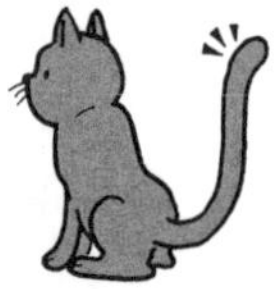

こそあど言葉《ことば》 (5)

名前

● つぎの文《ぶん》から「こそあど言葉《ことば》」を見《み》つけて——線《せん》をひきましょう。
□に見《み》つけた言葉《ことば》を書《か》きましょう。

① ボールは こちらに かたづけましょう。

こちら

② こんな かばんが ほしいです。

③ あちらに 見《み》えるのが スカイツリーです。

④ アフリカには どんな 動物《どうぶつ》が いるのかな。

⑤ あそこの 店《みせ》の カレーは おいしいです。

⑥ 白《しろ》い犬《いぬ》が そちらに 向《む》かって 走《はし》って いきます。

こそあど言葉《ことば》(6)

名前

● つぎの文《ぶん》にあてはまる「こそあど言葉《ことば》」を◯でかこみましょう。

① { どう / あちら / その } したら、月《つき》に行《い》けるのだろうか。

② おばあちゃんは、{ どれ / そう / この } 町《まち》に住《す》んでいます。

③ { どの / あの / どんな } 公園《こうえん》には、あひるがいます。

④ { どちら / その / あの } うで時計《どけい》をかしてください。

漢字《かんじ》の組《く》み立《た》て (1)
——へんとつくり

名前

● つぎの文《ぶん》を読《よ》みましょう。□の言葉《ことば》を書《か》きましょう。

漢字《かんじ》の多《おお》くは、いくつかの部《ぶ》分《ぶん》が組《く》み合《あ》わさって
できています。
その中《なか》に、右《みぎ》と左《ひだり》の二《ふた》つの部《ぶ》分《ぶん》に分《わ》けられる漢字《かんじ》が
あります。
この漢字《かんじ》を二《ふた》つに分《わ》けたときの左《ひだり》がわを「へん」、
右《みぎ》がわを「つくり」といいます。
「へん」はおおまかな 意味 を表《あらわ》します。
「つくり」が、おおまかな 意味 を
表《あらわ》すこともあります。

【「へん」のれい】

話

「ごんべん」
言葉《ことば》に関《かん》係《けい》する漢字《かんじ》が
多《おお》い。

【「つくり」のれい】

顔

「おおがい」
人《ひと》の頭《あたま》をえがいた形《かたち》で
頭《とう》部《ぶ》に関《かん》係《けい》する漢字《かんじ》が
多《おお》い。

漢字《かんじ》の組《く》み立《た》て　(2)

——へんとつくり

名前

● つぎの漢字《かんじ》の「へん」の部分《ぶぶん》を○でかこみましょう。
「へん」の名前《なまえ》を□に書《か》きましょう。
同《おな》じ「へん」を使《つか》った漢字《かんじ》を下《した》の□からえらんで○をつけましょう。

① 休　にんべん　住　池

② 柱　きへん　休　横

③ 池　さんずい　泳　住

④ 語　ごんべん　調　細

⑤ 細　いとへん　晴　終

⑥ 晴　ひへん　明　語

漢字《かんじ》の組《く》み立《た》て (3)

―へんとつくり

名前

● つぎの漢字《かんじ》の「へん」の部分《ぶぶん》を○でかこみましょう。
「へん」の名前《なまえ》を□からえらんで□に書《か》きましょう。
同《おな》じ「へん」を使《つか》った漢字《かんじ》を下《した》の□からえらんで○をつけましょう。

① 使　［にんべん］　体　林　油

② 温　［　］　体　林　油

③ 板　［　］　体　林　油

さんずい　きへん　にんべん

④ 緑　［　］　詩　暗　紙

⑤ 曜　［　］　詩　暗　紙

⑥ 話　［　］　詩　暗　紙

ひへん　いとへん　ごんべん

漢字《かんじ》の組《く》み立《た》て　(4)

―へんとつくり

名前

● つぎの「へん」をもつ漢字《かんじ》を［　］からえらんで□に書《か》きましょう。①〜④の「へん」をもつ漢字《かんじ》は、どんな事《こと》がらに関係《かんけい》がありますか。下《した》からえらんで、――線《せん》でむすびましょう。

① 【ごんべん】言　調

② 【にんべん】亻

③ 【さんずい】氵

④ 【きへん】木

・人《ひと》に関係《かんけい》がある。

・言葉《ことば》に関係《かんけい》がある。

・木《き》に関係《かんけい》がある。

・水《みず》に関係《かんけい》がある。

［調　港　板　作］

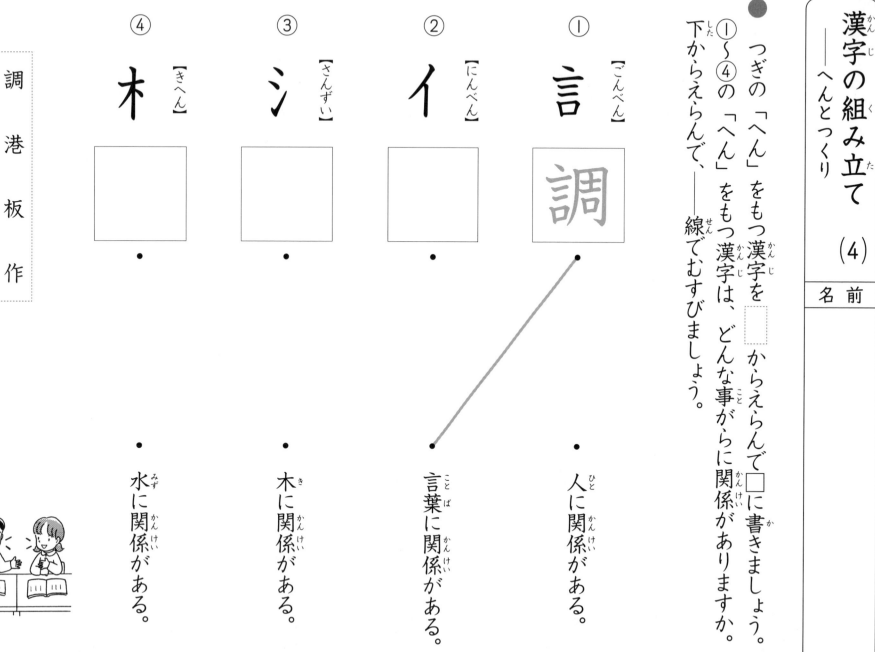

漢字《かんじ》の組《く》み立《た》て　(5)

——へんとつくり

名前

● つぎの「へん」をもつ漢字《かんじ》を［　］からえらんで□に書《か》きましょう。
①～④の「へん」をもつ漢字《かんじ》は、どんな事《こと》がらに関係《かんけい》がありますか。
下《した》からえらんで、——線《せん》でむすびましょう。

① 言【ごんべん】 □ ・　　・ 水《みず》に関係《かんけい》がある。

② イ【にんべん】 □ ・　　・ 木《き》に関係《かんけい》がある。

③ シ【さんずい】 □ ・　　・ 言葉《ことば》に関係《かんけい》がある。

④ 木【きへん】 □ ・　　・ 人《ひと》に関係《かんけい》がある。

［ 使　読　洋　植 ］

漢字《かんじ》の組《く》み立《た》て (6)

――へんとつくり

名前

(1) つぎの漢字《かんじ》の「つくり」の部分《ぶぶん》を○でかこみましょう。
「つくり」の名前《なまえ》を□からえらんで□に書《か》きましょう。

① 頭

② 動

ちから　おおがい

(2) つぎの「つくり」をもつ漢字《かんじ》を、□からえらんで□に書《か》きましょう。
この「つくり」をもつ漢字《かんじ》は、どんな事《こと》がらに関係《かんけい》がありますか。
下《した》からえらんで――線《せん》でむすびましょう。

① 頁【おおがい】　□　・　・

② 力【ちから】　□　・　・

顔　助

・力《ちから》のはたらきに関係《かんけい》がある。

・頭部《とうぶ》に関係《かんけい》がある。

漢字《かんじ》の組《く》み立《た》て　(7)

——部首《ぶしゅ》

名前

● 部首《ぶしゅ》には、「へん」や「つくり」のほかに、つぎのようなものがあります。
□に部首《ぶしゅ》を書《か》きましょう。

「へん」や「つくり」や「かんむり」のことをまとめて「部首《ぶしゅ》」と言《い》うよ。

①

かんむり

【「かんむり」のれい】

草　くさかんむり　（草・花）

②

あし

【「あし」のれい】

思　こころ　（思・意）

③

かまえ

【「かまえ」のれい】

国　くにがまえ　（国・園）

門　もんがまえ　（間・問）

④

にょう

【「にょう」のれい】

道　しんにょう　（送・遠）

⑤

たれ

【「たれ」のれい】

広　まだれ　（広・庫）

漢字《かんじ》の組《く》み立《た》て (8)

——部首《ぶしゅ》

名前

● 部首《ぶしゅ》には、「へん」や「つくり」のほかに、つぎのようなものがあります。

[ ]からえらんで[ ]に部首《ぶしゅ》を書《か》きましょう。

その部首《ぶしゅ》を使《つか》った漢字《かんじ》を下《した》の[ ]からえらんで○をつけましょう。

①

かんむり

(答) 店

②

返 想

③

園 答

④

にょう

想 返

⑤

園 店

かんむり　にょう　かまえ　たれ　あし

● つぎのローマ字《じ》を，読《よ》みましょう。書《か》きましょう。

ローマ字《じ》 (1)

名前

あ	い	う	え	お
a	i	u	e	o
a	i	u	e	o

さ	し	す	せ	そ
sa	si	su	se	so
sa	si	su	se	so

か	き	く	け	こ
ka	ki	ku	ke	ko
ka	ki	ku	ke	ko

た	ち	つ	て	と
ta	ti	tu	te	to
ta	ti	tu	te	to

● つぎのローマ字《じ》を，読《よ》みましょう。書《か》きましょう。

な	に	ぬ	ね	の
na	ni	nu	ne	no
na	ni	nu	ne	no

ま	み	む	め	も
ma	mi	mu	me	mo
ma	mi	mu	me	mo

は	ひ	ふ	へ	ほ
ha	hi	hu	he	ho
ha	hi	hu	he	ho

や	ゆ	よ
ya	yu	yo
ya	yu	yo

ローマ字《じ》 (2)

名前

● つぎのローマ字《じ》を，読《よ》みましょう。書《か》きましょう。

ローマ字《じ》 (3)

名前

ら	り	る	れ	ろ
ra	ri	ru	re	ro
ra	ri	ru	re	ro

が	ぎ	ぐ	げ	ご
ga	gi	gu	ge	go
ga	gi	gu	ge	go

わ	を	ん
wa	wo	n
wa	wo	n

ざ	じ	ず	ぜ	ぞ
za	zi	zu	ze	zo
za	zi	zu	ze	zo

● つぎのローマ字《じ》を，読《よ》みましょう。書《か》きましょう。

だ ぢ づ で ど

da zi zu de do

da zi zu de do

ば び ぶ べ ぼ

ba bi bu be bo

ba bi bu be bo

ぱ ぴ ぷ ぺ ぽ

pa pi pu pe po

pa pi pu pe po

きゃ きゅ きょ

kya kyu kyo

kya kyu kyo

ローマ字《じ》 (4)

名 前

● つぎのローマ字《じ》を，読《よ》みましょう。書《か》きましょう。

しゃ sya　しゅ syu　しょ syo

sya syu syo

にゃ nya　にゅ nyu　にょ nyo

nya nyu nyo

ちゃ tya　ちゅ tyu　ちょ tyo

tya tyu tyo

ひゃ hya　ひゅ hyu　ひょ hyo

hya hyu hyo

ローマ字《じ》 (5)

名前

ローマ字《じ》 (6)

名前

● つぎのローマ字《じ》を，読《よ》みましょう。書《か》きましょう。

みゃ	みゅ	みょ	ぎゃ	ぎゅ	ぎょ
mya	myu	myo	gya	gyu	gyo
mya	myu	myo	gya	gyu	gyo
りゃ	りゅ	りょ	じゃ	じゅ	じょ
rya	ryu	ryo	zya	zyu	zyo
rya	ryu	ryo	zya	zyu	zyo

● つぎのローマ字《じ》を，読《よ》みましょう。書《か》きましょう。

びゃ bya　びゅ byu　びょ byo

bya byu byo

ぴゃ pya　ぴゅ pyu　ぴょ pyo

pya pyu pyo

A I U E O

A I U E O

K S T N H

K S T N H

M Y R W N

M Y R W N

G Z D B P

G Z D B P

ローマ字《じ》 (7)

名前

ローマ字《じ》 (8)

名前

● 絵《え》をみてローマ字《じ》で書《か》きましょう。

(1) inu
いぬ

(2) neko
ねこ

(3) ahiru
あひる

(4) ame
あめ

(5) umi
うみ

(6) eki
えき

(7) kame
かめ

(8) yumi
ゆみ
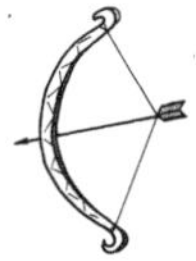

(9) seki
せき

ローマ字《じ》 (9)
——のばす音《おん》・ねじれる音《おん》

名前

● 絵《え》をみてローマ字《じ》で書《か》きましょう。

(1) otôsan
おとうさん

(2) onêsan
おねえさん

(3) otôto
おとうと

(4) okâsan
おかあさん

(5) senpûki
せんぷうき

(6) dôro
どうろ

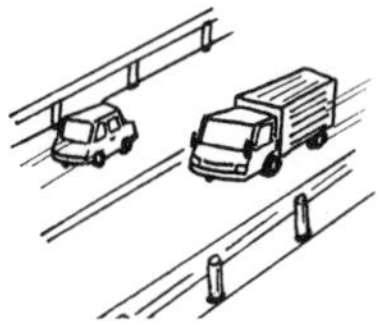

(7) syasin
しゃしん

(8) tyokinbako
ちょきんばこ

(9) gyûnyû
ぎゅうにゅう

● 絵《え》をみてローマ字《じ》で書《か》きましょう。

ローマ字《じ》(10) ——つまる音《おん》・はねる音《おん》

名前

(1) gakkô
がっこう

(2) sippo
しっぽ

(3) rakko
らっこ

(4) kitte
きって

(5) ressya
れっしゃ
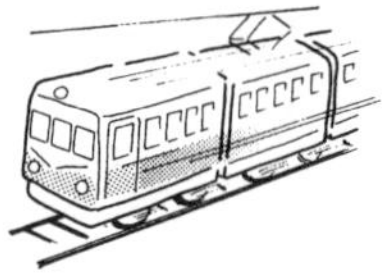

(6) nekko
ねっこ
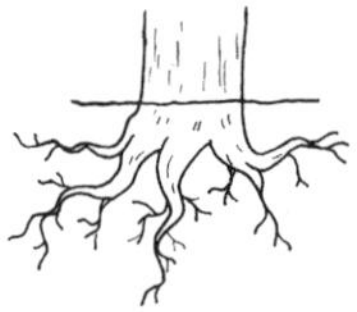

(7) hon'ya
ほんや

(8) sen'en
せんえん

ローマ字《じ》 読《よ》んでみよう (11)

名前

● つぎのローマ字《じ》を，読《よ》みましょう。読《よ》み方《かた》をひらがなで書《か》きましょう。

(1) Kyôto-hu

(2) Okinawa-ken

(3) Hokkaidô

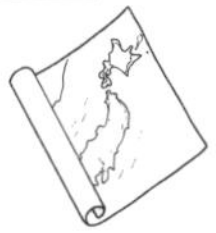

(4) NIPPON

(5) TÔKYÔ

(6) Huzisan

(7) Yamada Yôko

(8) Suzuki Kenta

本書の解答は，あくまでもひとつの例です。児童に取り組ませる前に，必ず指導される方が問題を解いてください。指導される方の作られた解答をもとに，児童の多様な考えに寄り添って○つけをお願いします。

解答例

4頁

どきん

● 次《つぎ》の詩《し》を二回《にかい》読《よ》んで、答《こた》えましょう。

名前

どきん

谷川《たにかわ》　俊太郎《しゅんたろう》

さわってみようかなあ　つるつる
おしてみようかなあ　ゆらゆら
もすこしおそうかなあ　ぐらぐら
もいちどおそうかあ　がらがら
たおれちゃったよなあ　㋐えへへ
いんりょくかんじるねえ　みしみし
ちきゅうはまわってるう　ぐいぐい
かぜもふいてるよお　そよそよ
あるきはじめるかあ　ひたひた
だれかがふりむいた！　どきん

（令和二年度版　光村図書　国語　三上　わかば　谷川　俊太郎）

(1) 上《うえ》の詩《し》の中《なか》で、次《つぎ》の文《ぶん》につづく様子《ようす》を表《あらわ》す言葉《ことば》を書《か》きましょう。

① さわってみようかなあ
つるつる

② もすこしおそうかなあ
ぐらぐら

③ かぜもふいてるよお
そよそよ

(2) ㋐えへへは、どんなときに使《つか》われていますか。○をつけましょう。

（　）いんりょくかんじるねえのとき。
（　）あるきはじめるかあのとき。
（○）たおれちゃったよなあのとき。

(3) さいごの「どきん」は、どんな気持《きも》ちを表《あらわ》していると思《おも》いますか。あなたの考《かんが》えを書《か》いてみましょう。

(例)
びっくりした。はずかしかった。

4

5頁

きつつきの商売《しょうばい》 (1)

● 次《つぎ》の文章《ぶんしょう》を二回《にかい》読《よ》んで、答《こた》えましょう。

名前

1

きつつきが、お店《みせ》を開《ひら》きました。
㋐それはもう、
きつつきにぴったりの
お店《みせ》です。

2

きつつきは、森中《もりじゅう》の
木《き》の中《なか》から、
えりすぐりの木《き》を
見《み》つけてきて、
かんばんを
こしらえました。

※えりすぐり…よく考《かんが》えて　えらんだ
よいもの。よりすぐり。
※こしらえる…形《かたち》のあるものを　作《つく》る。

（令和二年度版　光村図書　国語　三上　わかば　林原《はやしばら》　玉枝《たまえ》）

1

(1) お店《みせ》を開《ひら》いたのはだれですか。
きつつき

(2) ㋐それは、どんなお店《みせ》ですか。
きつつき に **ぴったり** のお店《みせ》。

2

(1) きつつきは、森中《もりじゅう》の木《き》の中《なか》から、何《なに》を見《み》つけてきましたか。○をつけましょう。

（○）えりすぐりの木《き》
（　）きつつきの木《き》

(2) きつつきは、見《み》つけてきた木《き》で、何《なに》をこしらえましたか。
かんばん

5

6頁

きつつきの商売《しょうばい》 (2)

● 次《つぎ》の文章《ぶんしょう》を二回《にかい》読《よ》んで、答《こた》えましょう。

名前

1

㋐かんばんにきざんだ
お店《みせ》の名前《なまえ》は、こうです。
おとや
それだけでは、
なんだか分《わ》かりにくいので、
きつつきは、その後《あと》に、
こう書《か》きました。

2

「できたての音《おと》、
すてきないい音《おと》、
㋑お聞《き》かせします。
四分音符《しぶおんぷ》一《いっ》こにつき、
どれでも百《ひゃく》リル。」

（令和二年度版　光村図書　国語　三上　わかば　林原《はやしばら》　玉枝《たまえ》）

1

(1) ㋐かんばんにきざんだと同《おな》じことをあらわすものに○をつけましょう。

（　）かんばんを小《ちい》さく切《き》って、ならべた。
（○）きつつきが、くちばしを使《つか》って、かんばんにほりつけた。

(2) お店《みせ》の名前《なまえ》は、何《なん》ですか。
おとや

2

(1) どんな音《おと》を、㋑お聞《き》かせします。と書《か》いていますか。二《ふた》つ書《か》きましょう。
できたての音
すてきないい音

(2) 四分音符《しぶおんぷ》一《いっ》こにつき、いくらですか。
百リル

6

7頁

きつつきの商売《しょうばい》 (3)

● 次《つぎ》の文章《ぶんしょう》を二回《にかい》読《よ》んで、答《こた》えましょう。

名前

1

㋐「へええ。どれでも百《ひゃく》リル。
どんな音《おと》があるのかしら。」
そう言《い》って、㋐まっさきに
やって来《き》たのは、
茶色《ちゃいろ》い耳《みみ》をぴんと立《た》てた
野《の》うさぎでした。

2

野《の》うさぎは、きつつきの
さし出《だ》したメニューを
じっくりながめて、
メニューのいちばんはじっこを
ゆびさしながら、
「これにするわ。」
と言《い》いました。

（令和二年度版　光村図書　国語　三上　わかば　林原《はやしばら》　玉枝《たまえ》）

1

(1) ㋐の言葉《ことば》を言《い》ったのは、だれですか。
野うさぎ

(2) ㋐まっさきと、同《おな》じことをあらわす言葉《ことば》に、○をつけましょう。

（○）さいしょ。いちばん先《さき》。
（　）さいご。いちばんあと。

2

(1) 野《の》うさぎは、きつつきのさし出《だ》したメニューを、どんなふうにながめましたか。○をつけましょう。

（　）さっとながめた。
（○）じっくりながめた。

(2) 野《の》うさぎは、メニューのはじっこをゆびさしながら、何《なん》と言《い》いましたか。
これにするわ

7

解答例

本書の解答は，あくまでもひとつの例です。児童に取り組ませる前に，必ず指導される方が問題を解いてください。指導される方の作られた解答をもとに，児童の多様な考えに寄り添って○つけをお願いします。

8頁

きつつきの商売《しょうばい》 (4)

名前

● 次《つぎ》の文章《ぶんしょう》を二回《にかい》読《よ》んで、答《こた》えましょう。

登場人物《とうじょうじんぶつ》　きつつき・野《の》うさぎ

1

ぶなの音《おと》です。

あ「四分音符分《しぶおんぷぶん》、
ちょうだい。」

い「しょうちしました。
では、
どうぞこちらへ。」

2

きつつきは、
野《の》うさぎをつれて、
ぶなの森《もり》にやって来《き》ました。
それから、野《の》うさぎを、
大《おお》きなぶなの木《き》の下《した》に
立《た》たせると、ア自分《じぶん》は、
木《き》のてっぺん近《ちか》くのみきに
止《と》まりました。

（令和二年度版　光村図書　国語　三上　わかば　林原《はやしばら》　玉枝《たまえ》）

1

(1) 何《なん》の音《おと》を、あ「四分音符分《しぶおんぷぶん》、ちょうだい。」と言《い》っていますか。

ぶな の音《おと》

(2) あといの言葉《ことば》は、だれが言《い》った言葉《ことば》ですか。

あ **野うさぎ**

い **きつつき**

2

(1) きつつきは、野《の》うさぎをつれて、どこにやって来《き》ましたか。

ぶなの森

(2) きつつきは、野《の》うさぎを、どこに立《た》たせましたか。

(大きな)ぶなの木の下

(3) ア自分《じぶん》は、だれのことですか。○をつけましょう。

（　）野《の》うさぎ

（○）きつつき

9頁

きつつきの商売《しょうばい》 (5)

名前

● 次《つぎ》の文章《ぶんしょう》を二回《にかい》読《よ》んで、答《こた》えましょう。

登場人物《とうじょうじんぶつ》　きつつき・野《の》うさぎ

1

あ「さあ、いきますよ、
いいですか。」
きつつきは、木《き》の上《うえ》から
声《こえ》をかけました。
野《の》うさぎは、
きつつきを見上《みあ》げて、
こっくりうなずきました。

2

い「では。」
きつつきは、
ぶなの木《き》のみきを、
くちばしで
力《ちから》いっぱい　たたきました。

（令和二年度版　光村図書　国語　三上　わかば　林原《はやしばら》　玉枝《たまえ》）

1

(1) あの言葉《ことば》は、①だれが、②だれに言《い》った言葉《ことば》ですか。

① だれ（が）　**きつつき** が

② だれ（に）　**野うさぎ** に

言《い》った言葉《ことば》。

(2) きつつきと野《の》うさぎは、どこにいますか。——線《せん》でつなぎましょう。

きつつき ― 木《き》の上《うえ》

野《の》うさぎ ― 木《き》の下《した》

2

(1) いはだれが言《い》った言葉《ことば》ですか。

きつつき

(2) きつつきは、ぶなの木《き》のみきを、何《なに》で力《ちから》いっぱいたたきましたか。

くちばし

10頁

きつつきの商売《しょうばい》 (6)

名前

● 次《つぎ》の文章《ぶんしょう》を二回《にかい》読《よ》んで、答《こた》えましょう。

登場人物《とうじょうじんぶつ》　きつつき・野《の》うさぎ

アコーン。
ぶなの木《き》の音《おと》が、ぶなの森《もり》に
こだましました。
野《の》うさぎは、きつつきを
見上《みあ》げたまま、
だまってイ聞《き》いていました。
きつつきも、うっとりウ聞《き》いて
いました。
四分音符分《しぶおんぷぶん》よりも、
うんと長《なが》い時間《じかん》が
すぎてゆきました。

※こだま…声《こえ》や音《おと》が山《やま》や谷《たに》にぶつかり、
はねかえって聞《き》こえること。

（令和二年度版　光村図書　国語　三上　わかば　林原《はやしばら》　玉枝《たまえ》）

(1) アコーン。は何《なん》の音《おと》ですか。

ぶな の木《き》の音《おと》。

(2) ぶなの木《き》の音《おと》を、野《の》うさぎは、どんなようすでイ聞《き》いていましたか。

きつつきを見上《みあ》げたまま、**だまって** 聞《き》いていました。

(3) ぶなの木《き》の音《おと》を、きつつきは、どんなようすでウ聞《き》いていましたか。

うっとり 聞《き》いていました。

(4) どれぐらいの時間《じかん》が、すぎてゆきましたか。○をつけましょう。

（○）四分音符分《しぶおんぷぶん》よりも、うんと長《なが》い時間《じかん》。

（　）四分音符《しぶおんぷ》と同《おな》じ長《なが》さの時間《じかん》。

11頁

こまを楽《たの》しむ (1)

名前

● 次《つぎ》の文章《ぶんしょう》を二回《にかい》読《よ》んで、答《こた》えましょう。

1

さか立《だ》ちごまは、
とちゅうから
回《まわ》り方《かた》がかわり、
その動《うご》きを楽《たの》しむこまです。
このこまは、ボールのような
丸《まる》いどうをしています。

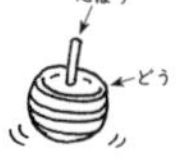

※どう…物《もの》の真《ま》ん中《なか》の部分《ぶぶん》。

2

指《ゆび》で心《しん》ぼうをつまんで、
いきおいよく回《まわ》すと、
はじめは
ふつうに回《まわ》るのですが、
回《まわ》っていくうちに、
だんだん
かたむいていきます。
そして、さいごは、
さかさまにおき上《あ》がって
回《まわ》ります。

（令和二年度版　光村図書　国語　三上　わかば　安藤《あんどう》　正樹《まさき》）

1

(1) とちゅうから回《まわ》り方《かた》がかわるのは、何《なん》というこまですか。

さか立ち ごま

(2) このこまのどうは、どんな形《かたち》をしていますか。

ボール のような丸《まる》い形《かたち》。

2

(1) さか立《だ》ちごまは、とちゅうから回《まわ》り方《かた》がかわります。回《まわ》る様子《ようす》を、①②③に書《か》きましょう。

① はじめは **ふつう** に回《まわ》る。

② とちゅう だんだん **かたむいて** いきます。

③ さいごは **さかさまに** おき上《あ》がって回《まわ》ります。

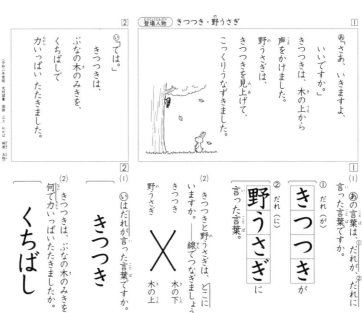

12 頁

こまを楽《たの》しむ (2)

名前

● 次《つぎ》の文章《ぶんしょう》を二回読《にかいよ》んで、答《こた》えましょう。

1

曲《きょく》ごまは、曲芸《きょくげい》で使《つか》われ、おどろくような所《ところ》で回《まわ》して、見《み》る人《ひと》を楽《たの》しませるこまです。曲《きょく》ごまは、心《しん》ぼうが鉄《てつ》でできていて、広《ひろ》く平《たい》らなどうをしています。

※曲芸《きょくげい》…ふつうの人《ひと》にはできない芸《げい》

2

ほかのこまとくらべ、安定《あんてい》したつくりになっているので、あまりゆれることがありません。台《だい》の上《うえ》で手《て》を使《つか》って回《まわ》し、そこから細《ほそ》い糸《いと》の上《うえ》や、ぼうの先《さき》のような㋐回《まわ》しにくい所《ところ》へうつしかえて回《まわ》しつづけます。

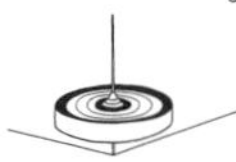

（令和二年度版　光村図書　国語　三上　わかば　安藤《あんどう》　正樹《まさき》）

1

(1) 曲芸《きょくげい》で使《つか》われるこまを、何《なん》と言《い》いますか。

〔 曲ごま 〕

(2) このこまの心《しん》ぼうは、何《なに》でできていますか。

〔 鉄 〕

2

(1) 曲《きょく》ごまは、ほかのこまとくらべ、どんなつくりになっていますか。

〔 安定した つくり。〕

(2) ㋐回《まわ》しにくい所《ところ》とは、どんなところですか。二《ふた》つ書《か》きましょう。

〔 細い糸 の上《うえ》。〕

〔 ぼう の先《さき》。〕

13 頁

こまを楽《たの》しむ (3)

名前

● 次《つぎ》の文章《ぶんしょう》を二回読《にかいよ》んで、答《こた》えましょう。

1

ずぐりは、雪《ゆき》の上《うえ》で回《まわ》して楽《たの》しむこまです。ふつうのこまは、心《しん》ぼうが細《ほそ》いので、雪《ゆき》の上《うえ》で回《まわ》すことはできません。いっぽう、ずぐりは、雪《ゆき》の上《うえ》で回《まわ》して遊《あそ》ぶことができるように、㋐心《しん》ぼうの先《さき》が太《ふと》く、丸《まる》く作《つく》られています。

2

まず、雪《ゆき》に小《ちい》さなくぼみを作《つく》り、わらでできたなわを使《つか》って、㋑その中《なか》になげ入《い》れて回《まわ》します。雪《ゆき》がふってもこまを回《まわ》したいという人々《ひとびと》の思《おも》いから、ずぐりは㋒長《なが》く親《した》しまれてきました。

（令和二年度版　光村図書　国語　三上　わかば　安藤《あんどう》　正樹《まさき》）

1

(1) 雪《ゆき》の上《うえ》で回《まわ》して楽《たの》しむこまを何《なん》と言《い》いますか。

ずぐり

(2) ずぐりの、㋐心《しん》ぼうの先《さき》が太《ふと》く、丸《まる》く作《つく》られているのは、なぜですか。

〔 雪 の上《うえ》で 回して 遊《あそ》ぶことができるように。〕

2

(1) ㋑その中《なか》とは、どこですか。あてはまるものに○をつけましょう。

(　) わらでできたなわの中《なか》。

(○) 雪《ゆき》に作《つく》った小《ちい》さなくぼみの中《なか》。

(2) ずぐりが、㋒長《なが》く親《した》しまれてきたのは、なぜですか。

〔 雪 がふっても こま を回《まわ》したいという 人々 の思《おも》いから。〕

14 頁

まいごのかぎ (1)

名前

● 次《つぎ》のあらすじを二回読《にかいよ》みましょう。

海《うみ》ぞいの町《まち》で、りいこがふしぎなかぎをひろったお話《はなし》です。

りいこは、しょんぼりしながら、学校《がっこう》からかえるとちゅうに、ちらっと光《ひか》るこがね色《いろ》のかぎをみつけました。落《お》とし物《もの》のかぎだと思《おも》ったりいこは、海《うみ》べの交番《こうばん》にそのかぎをとどけようと、坂《さか》を下《くだ》り始《はじ》めました。

通《とお》りぞいの、大《おお》きなさくらの木《き》のねもとにかぎあなをみつけました。りいこは、そこにかぎをさしこんでみました。するど、さくらの木《き》につぼみがつき、ふくらんだと思《おも》ったら、どんぐりがふってきました。りいこがあわててかぎをぬくと、さくらの木《き》は葉《は》ざくらにもどりました。

さらに坂《さか》を下《くだ》っていくと公園《こうえん》があります。こんどは公園《こうえん》のベンチの手《て》すりに、かぎあなをみつけました。かぎをさしてみると、ベンチは、大《おお》きな犬《いぬ》のように日《ひ》かげからのそのそと歩《ある》きだし、公園《こうえん》のまん中《なか》の日《ひ》だまりにねそべって、ねいきを立《た》てはじめました。

りいこがびっくりしてかぎをぬきとると、ベンチはうらめしそうに、元《もと》いた所《ところ》に帰《かえ》っていきました。

さらに坂《さか》を下《くだ》ると、道《みち》のわきにあみが立《た》ててあり、あじの開《ひら》きがならべてありました。ひものを作《つく》っているのです。その中《なか》の一《いっ》ぴきにかぎあなをみつけたので、かぎをさしこんでみると、あじの開《ひら》きがはばたきはじめ、うかび上《あ》がりました。りいこが、あわててとびつきかぎをぬくと、開《ひら》きは、元《もと》のあみの上《うえ》にぽとりと落《お》ちました。

わたし、よけいなことばかりしてしまう。と、りいこは、悲《かな》しくなりました。早《はや》く、かぎを交番《こうばん》にとどけようと思《おも》いました。

15 頁

まいごのかぎ (2)

名前

● 次《つぎ》の文章《ぶんしょう》を二回読《にかいよ》んで、答《こた》えましょう。

登場人物《とうじょうじんぶつ》　りいこ

海岸通《かいがんどお》りをいそぎはじめたとき、ふとバスていのかんばんが目《め》に入《はい》りました。「バス」という字《じ》の「バ」の点《てん》が、なぜか三《みっ》つあるのです。その一《ひと》つが、かぎあなに見《み》えました。

※ふと…何《なん》の気《き》なしに。ふいに。急《きゅう》に。

（令和二年度版　光村図書　国語　三上　わかば　斉藤《さいとう》　倫《りん》）

(1) 海岸通《かいがんどお》りをいそぎはじめたのは、だれですか。

(○) りいこ

(　) バス

(2) ふと、何《なに》が目《め》に入《はい》りましたか。

〔 バスていの かんばん 〕

(3) 「バス」という字《じ》の「バ」の点《てん》の一《ひと》つが、何《なに》に見《み》えましたか。

かぎあな

解答例

本書の解答は，あくまでもひとつの例です。児童に取り組ませる前に，必ず指導される方が問題を解いてください。指導される方の作られた解答をもとに，児童の多様な考えに寄り添って○つけをお願いします。

16頁

まいごのかぎ (3)

名前

● 次《つぎ》の文章《ぶんしょう》を二回《にかい》読《よ》んで、答《こた》えましょう。

バスていのかんばんの「バス」という字《じ》の「バ」の点《てん》の一《ひと》つが、かぎあなに見《み》えました。

1

「どうしよう。」
りいこは㋐まよいました。
よけいなことはやめよう。
そう思《おも》ったばかりです。
㋑そのとき、点《てん》の一《ひと》つが、
ぱちっと
またたきました。

※またたく…きらめく

2

「これで、㋒さいごだからね。」
いつしかりいこは、
かんばんの前《まえ》で
せのびをしていました。
カチンと音《おと》がして、
かぎが回《まわ》りました。
㋓、何《なに》もおこりません。

（令和二年度版　光村図書　国語　三上　わかば　斉藤《さいとう》　倫《りん》）

1

(1) りいこは、何《なに》を㋐まよいましたか。○をつけましょう。

(○) かぎをさすかささないかをまよった。
( ) 交番《こうばん》に行《い》く道《みち》をまよった。

(2) ㋑そのとき、点《てん》の一《ひと》つが、何《なに》をしましたか。文《ぶん》の言葉《ことば》で書《か》きましょう。

ぱちっと **またたき** ました。

2

(1) 何《なに》が㋒さいごなのですか。○をつけましょう。

( ) かんばんの前《まえ》で、せのびをすること。
(○) かぎあなに、かぎをさしてみること。

(2) ㋓に入《はい》る言葉《ことば》に、○をつけましょう。

( ) それから
(○) ところが

17頁

まいごのかぎ (4)

名前

● 次《つぎ》の文章《ぶんしょう》を二回《にかい》読《よ》んで、答《こた》えましょう。

バスていのかんばんのかぎあなに、かぎをさして回《まわ》してみましたが何《なに》もおこりません。

ほっとしたような、
がっかりしたような気持《きも》ちで、
バスの時《じ》こく表《ひょう》を見《み》て、
りいこは㋐「あっ。」と
言《い》いました。
数字《すうじ》が、ありのように、
ぞろぞろ動《うご》いているのです。
五時《ごじ》九十二分《きゅうじゅうにふん》とか、
四十六時《よんじゅうろくじ》八百七分《はっぴゃくななふん》とか、
㋑とんでもない
とうちゃく時間《じかん》に
なっています。

（令和二年度版　光村図書　国語　三上　わかば　斉藤《さいとう》　倫《りん》）

(1) りいこは、どんな気持《きも》ちで、バスの時《じ》こく表《ひょう》を見《み》ましたか。

ほっと したような、**がっかり** したような気持《きも》ち。

(2) りいこは、なぜ㋐「あっ。」と言《い》いましたか。

数字《すうじ》が、**あり** のように、**ぞろぞろ** 動《うご》いているから。

(3) ㋑とんでもないとうちゃく時間《じかん》二《ふた》つに○をつけましょう。

(○) 五時《ごじ》九十二分《きゅうじゅうにふん》
( ) 十時《じゅうじ》三十八分《さんじゅうはちふん》
(○) 四十六時《よんじゅうろくじ》八百七分《はっぴゃくななふん》

18頁

まいごのかぎ (5)

名前

● 次《つぎ》の文章《ぶんしょう》を二回《にかい》読《よ》んで、答《こた》えましょう。

時《じ》こく表《ひょう》の数字《すうじ》が動《うご》いて、とんでもないとうちゃく時間《じかん》になっています。

1

「すごい。」
りいこは、目《め》を
かがやかせました。
でも、すぐに、
わくわくした自分《じぶん》が
㋐いやになりました。

2

りいこは、かぎを
ぬきとりました。
㋑「あれ。どうして。」
時《じ》こく表《ひょう》の数字《すうじ》は、
元《もと》には、もどりませんでした。

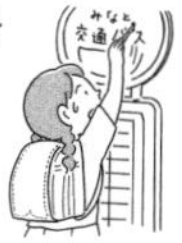

（令和二年度版　光村図書　国語　三上　わかば　斉藤《さいとう》　倫《りん》）

1

(1) りいこが、目《め》をかがやかせたのはなぜですか。○をつけましょう。

(○) 時《じ》こく表《ひょう》の数字《すうじ》が動《うご》いて、とんでもないとうちゃく時間《じかん》になったから。
( ) バスが時間通《じかんどお》りにとうちゃくしたから。

(2) りいこは、すぐに、何《なに》が㋐いやになりましたか。

わくわくした自分

2

(1) りいこは、なぜかぎをぬきとりましたか。○をつけましょう。

( ) かぎを落《お》とした人《ひと》にかえすため。
(○) 時《じ》こく表《ひょう》の数字《すうじ》を元《もと》にもどすため。

(2) りいこは、なぜ㋑「あれ。どうして。」と言《い》ったのですか。

時こく表 の **数字** が元《もと》には、もどらなかったから。

19頁

まいごのかぎ (6)

名前

● 次《つぎ》の文章《ぶんしょう》を二回《にかい》読《よ》んで、答《こた》えましょう。

りいこは、かぎをぬきとりましたが、時《じ》こく表《ひょう》の数字《すうじ》は、元《もと》にはもどりませんでした。

1

りいこは㋐こわくなって、
にげるように
かけだしました。
交番《こうばん》のある方《ほう》へ
すなはまを横切《よこぎ》ろうと、
石《いし》だんを下《お》りかけると、
国道《こくどう》のずっと向《む》こうから、
車《くるま》の音《おと》が聞《き》こえてきます。

2

ふり向《む》くと、
バスが十何台《じゅうなんだい》も、
おだんごみたいに
ぎゅうぎゅうになって、
やって来《く》るのです。

（令和二年度版　光村図書　国語　三上　わかば　斉藤《さいとう》　倫《りん》）

1

(1) りいこは、なぜ㋐こわくなったのですか。○をつけましょう。

(○) かぎをぬきとったのに時《じ》こく表《ひょう》の数字《すうじ》が、元《もと》にもどらなかったから。
( ) 交番《こうばん》に行《い》かないといけなかったから。

(2) 車《くるま》の音《おと》はどこから聞《き》こえてきますか。

国道のずっと向こうから

2

(1) バスが十何台《じゅうなんだい》も、どんな様子《ようす》でやって来《き》ましたか。文中《ぶんちゅう》から書《か》き出《だ》しましょう。

おだんご みたいに **ぎゅうぎゅう** になって、やって来《く》るのです。

20頁

まいごのかぎ (7)

名前

● 次《つぎ》の文章《ぶんしょう》を二回《にかい》読《よ》んで、答《こた》えましょう。

バスが十何台《じゅうなんだい》もぎゅうぎゅうになって、やって来《く》るのです。

1 登場人物《とうじょうじんぶつ》 りいこ

「㋐わたしが、時《じ》こく表《ひょう》をめちゃくちゃにしたせいだ。」

どうしよう。

もう、㋑交番《こうばん》にも行《い》けない。

おまわりさんにしかられる。

2

りいこは、

かぎをぎゅっとにぎりしめて、

㋒立《た》ちすくんでしまいました。

（令和二年度版 光村図書 国語 三上 わかば 斉藤《さいとう》 倫《りん》）

1

(1) りいこは、バスが十何台《じゅうなんだい》もやってきたのは㋐わたしが何《なに》をしたせいだと言《い》っていますか。

時こく表 をめちゃくちゃにしたせいだ。

(2) りいこは、なぜ、㋑交番《こうばん》にも行《い》けない。と思《おも》ったのですか。

おまわりさんにしかられるから。

2

(1) ㋒立《た》ちすくんでと同《おな》じ意味《いみ》を表《あらわ》す文《ぶん》に○をつけましょう。

(　) 手《て》を広《ひろ》げて、人《ひと》が通《とお》れないように立《た》つこと。

(○) おどろきやおそろしさで、立《た》ったまま動《うご》けなくなること。

(2) りいこは、何《なに》をぎゅっとにぎりしめましたか。

かぎ

21頁

まいごのかぎ (8)

名前

● 次《つぎ》の文章《ぶんしょう》を二回《にかい》読《よ》んで、答《こた》えましょう。

1

㋐きみょうなことは、さらにおこりました。

つながってきたバスが、りいこの前《まえ》で止《と》まり、クラクションを、ファ、ファ、ファーン、と、がっそうするように鳴《な》らしたのです。

2

そして、リズムに合《あ》わせて、くるくると、向《む》きや順番《じゅんばん》をかえはじめました。

りいこは、目《め》をぱちぱちしながら、そのダンスに見《み》とれていました。

（令和二年度版 光村図書 国語 三上 わかば 斉藤《さいとう》 倫《りん》）

1

(1) ㋐きみょうと同《おな》じ意味《いみ》を表《あらわ》すことに○をつけましょう。

(　) ふつうで、あたりまえ。

(○) ふしぎで、しんじられない。

(2) バスは、クラクションを、どのように鳴《な》らしましたか。

がっそう するように鳴《な》らしたのです。

2

(1) バスは、リズムに合《あ》わせて、くるくると、何《なに》をかえはじめましたか。

向き や **順番**

(2) りいこは、どんなふうにそのダンスに見《み》とれていましたか。

目《め》を **ぱちぱち** しながら。

22頁

まいごのかぎ (9)

名前

● 次《つぎ》のあらすじと文章《ぶんしょう》を二回《にかい》読《よ》んで、答《こた》えましょう。

バスがリズムに合《あ》わせてダンスをはじめました。それを見《み》て、りいこは今《いま》までのできごとを思《おも》い出《だ》しています。

「なんだか、とても㋐楽《たの》しそう。」

そして、はっと気《き》づいたのです。

もしかしたら、あのさくらの木《き》も、楽《たの》しかったのかもしれない。

どんぐりの実《み》をつけたのは、きっと春《はる》がすぎても、みんなと遊《あそ》びたかったからなんだ。

ベンチも、たまには公園《こうえん》でねころびたいだろうし、あじだって、いちどは青《あお》い空《そら》をとびたかったんだ。

（令和二年度版 光村図書 国語 三上 わかば 斉藤《さいとう》 倫《りん》）

(1) とても㋐楽《たの》しそうなのはだれですか。

(　) りいこ

(○) バス

(2) さくらの木《き》が、どんぐりの実《み》をつけたのは、なぜですか。

きっと春《はる》がすぎても、**みんな** と **遊びたかった** から。

(3) ベンチもたまには公園《こうえん》で、何《なに》がしたいだろうと書《か》いてありますか。

ねころびたい だろう。

(4) あじだって、いちどは、何《なに》をしたかったと書《か》いてありますか。

青《あお》い空《そら》を **とびたかったんだ**。

23頁

まいごのかぎ (10)

名前

● 次《つぎ》の文章《ぶんしょう》を二回《にかい》読《よ》んで、答《こた》えましょう。

1 登場人物《とうじょうじんぶつ》 りいこ・バス

㋐「みんなも、すきに走《はし》ってみたかったんだね。」

しばらくして、バスは、まんぞくしたかのように、一台一台《いちだいいちだい》といつもの路線《ろせん》に㋐帰《かえ》っていきました。

2 登場人物《とうじょうじんぶつ》 りいこ・バス・うさぎ

そのとき、一《ひと》つのまどの中《なか》に、りいこはたしかに㋐見《み》たのです。

図工《ずこう》の時間《じかん》にけしてしまった、あのうさぎが、うれしそうにこちらに手《て》をふっているのを。

（令和二年度版 光村図書 国語 三上 わかば 斉藤《さいとう》 倫《りん》）

1

(1) ㋐の言葉《ことば》は、だれが言《い》った言葉《ことば》ですか。

りいこ

(2) しばらくして、バスは、どんな様子《ようす》で、一台一台《いちだいいちだい》といつもの路線《ろせん》に㋐帰《かえ》っていきました。

まんぞく したかのように、

2

(1) りいこは、①どこに、②何《なに》を、㋑たしかに見《み》たのですか。

① どこ（に）

一《ひと》つの **まど** の中《なか》に、

② 何《なに》（を）

図工《ずこう》の時間《じかん》にけしてしまったあの **うさぎ** が手《て》をふっているのを。

(2) うさぎは、どんな様子《ようす》で、こちらに手《て》をふっていましたか。

うれしそう に

本書の解答は，あくまでもひとつの例です。児童に取り組ませる前に，必ず指導される方が問題を解いてください。指導される方の作られた解答をもとに，児童の多様な考えに寄り添って○つけをお願いします。

24頁

まいごのかぎ (1)

名前

● 次《つぎ》のあらすじと文章《ぶんしょう》を二回《にかい》読《よ》んで、答《こた》えましょう。

りいこは、図工《ずこう》の時間《じかん》にけしてしまったうさぎが、うれしそうにこちらに手《て》をふっているのを見《み》たのです。

1

りいこもうれしくなって、
大《おお》きく手《て》をふり返《かえ》しました。
にぎっていたはずのかぎは、
いつのまにか、かげも形《かたち》も
なくなっていました。

2

りいこは、夕日《ゆうひ》に
そまりだした空《そら》の中《なか》で、
㋐いつまでも、その手《て》を
ふりつづけていました。

（令和二年度版　光村図書　国語　三上　わかば　斉藤《さいとう》　倫《りん》）

1

(1) りいこは、なぜうれしくなって手《て》をふり返《かえ》したのですか。○をつけましょう。

(　) にぎっていたはずのかぎが、なくなっていたから。

(○) うさぎが、うれしそうに手《て》をふるのを見《み》たから。

(2) にぎっていたはずのかぎは、いつのまにか、どうなっていましたか。

〔かげも形もなくなっていました。〕

2

(1) 夕日《ゆうひ》にそまりだした空《そら》の色《いろ》は、どんな色《いろ》だと思《おも》いますか。

(例)〔オレンジ色・あかね色　など〕

(2) ㋐いつまでも、①だれが、②何《なに》をしていましたか。

① だれ（が）

〔りいこ〕が

② 何《なに》をして

〔手をふり〕つづけていました。

25頁

わたしと小鳥《ことり》とすずと

名前

● 次《つぎ》の詩《し》を二回《にかい》読《よ》んで、答《こた》えましょう。

わたしと小鳥《ことり》とすずと

金子《かねこ》　みすゞ（ず）

1

わたしが両手《りょうて》をひろげても、
お空《そら》はちっともとべないが、
とべる小鳥《ことり》はわたしのように、
地面《じべた》をはやくは走《はし》れない。

2

わたしがからだをゆすっても、
きれいな音《おと》はでないけど、
あの鳴《な》るすずはわたしのように
たくさんなうたは知《し》らないよ。

3

すずと、小鳥《ことり》と、それからわたし、
みんなちがって、みんないい。

（令和二年度版　光村図書　国語　三上　わかば　金子　みすゞ）

(1) 1では、わたしと、だれをくらべていますか。

〔（とべる）小鳥〕

(2) 1を読《よ》んで、上《うえ》と下《した》を——線《せん》でむすびましょう。

① 地面《じべた》をはやく走《はし》れる。

② お空《そら》をとべる。

小鳥《ことり》
わたし

（①—わたし、②—小鳥 と線でむすぶ）

(3) 2では、わたしと、だれをくらべていますか。

〔すず〕

(4) 2を読《よ》んで、上《うえ》と下《した》を——線《せん》でむすびましょう。

① たくさんなうたを知《し》っている。

② きれいな音《おと》がでる。

すず
わたし

（①—わたし、②—すず と線でむすぶ）

(5) 3を読《よ》んで、□にあてはまる言葉《ことば》を書《か》きましょう。

〔みんな［ちがって］、みんな［いい］。〕

26頁

夕日《ゆうひ》がせなかをおしてくる

名前

● 次《つぎ》の詩《し》を二回《にかい》読《よ》んで、答《こた》えましょう。

夕日《ゆうひ》がせなかをおしてくる

阪田《さかた》　寛夫《ひろお》

1

夕日《ゆうひ》がせなかをおしてくる
まっかなうででおしてくる
歩《ある》くぼくらのうしろから
でっかい声《こえ》でよびかける
㋐さよなら　さよなら
さよなら　きみたち
ばんごはんがまってるぞ
あしたの朝《あさ》ねすごすな

2

夕日《ゆうひ》がせなかをおしてくる
そんなにおすなあわてるな
ぐるりふりむき太陽《たいよう》に
ぼくらも負《ま》けずどなるんだ
㋑さよなら　さよなら
さよなら　太陽《たいよう》
ばんごはんがまってるぞ
あしたの朝《あさ》ねすごすな

（令和二年度版　光村図書　国語　三上　わかば　阪田　寛夫）

※「夕日がせなかをおしてくる」の教材は，令和二年度版　東京書籍　新しい国語　三上・教育出版　ひろがる言葉　小学国語　三下　にも掲載されています。

(1) この詩《し》は、一日《いちにち》のうちの、いつのことを書《か》いた詩《し》ですか。○をつけましょう。

(　) 朝《あさ》

(○) 夕方《ゆうがた》

(　) 夜中《よなか》

(2) 1の、㋐さよなら　さよなら……は、①だれが、②だれに、よびかけた言葉《ことば》ですか。

① だれ（が）〔夕日〕が

② だれ（に）〔ぼくら〕に

(3) 2の、㋑さよなら　さよなら……は、①だれが、②だれに、どなった言葉《ことば》ですか。

① だれ（が）〔ぼくら〕が

② だれ（に）〔夕日〕に

27頁

すいせんのラッパ (1)

名前

● 次《つぎ》のあらすじと文章《ぶんしょう》を二回《にかい》読《よ》んで、答《こた》えましょう。

春《はる》のまん中《なか》のお話《はなし》です。今日《きょう》は、すいせんが、今年《ことし》はじめてラッパをふく日《ひ》です。ありたちは、まちきれずにすいせんの葉《は》っぱに上《のぼ》ってきました。すいせんはラッパをふいて、冬《ふゆ》の間《あいだ》ねむっていたかえるたちに、春《はる》ですよ起《お》きなさいと知《し》らせてあげるのです。

1

すいせんは、お日《ひ》さまの
高《たか》さをはかったり、
風《かぜ》のはやさをしらべたり、
ラッパをプーとふいたりして、
ときどき、
もうすぐだというように、
㋐うんうん、うなずきます。

2

ありたちは、葉《は》っぱの上《うえ》で、
ゆらゆらゆれて、
じっとまっています。
あたたかい風《かぜ》が、
ささあっとふきわたり、
日《ひ》の光《ひかり》が、一面《いちめん》にちりました。

（令和二年度版　東京書籍　新しい国語　三上　工藤《くどう》　直子《なおこ》）

1

(1) すいせんは、何《なん》の高《たか》さをはかっていますか。

〔お日さま〕

(2) ㋐うんうん、うなずくのは、だれですか。

〔すいせん〕

2

(1) ありたちは、葉《は》っぱの上《うえ》で、どのようにまっていますか。○をつけましょう。

(○) ゆらゆらゆれて、じっとまっている。

(　) うろうろと、うごきまわってまっている。

(2) 風《かぜ》がふきわたり、一面《いちめん》ちったのは、何《なん》ですか。

〔日の光〕

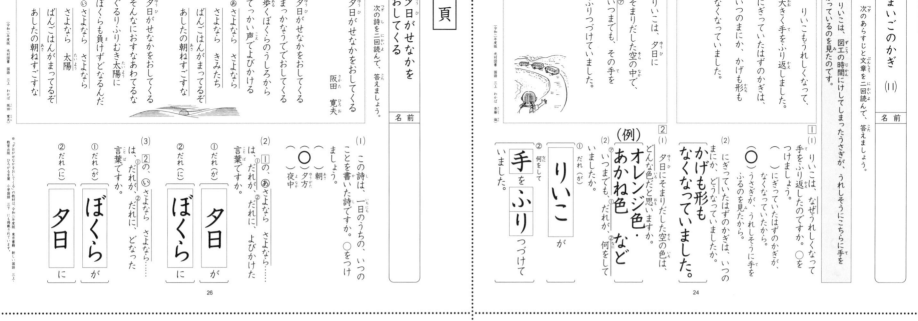

28 頁

すいせんのラッパ (2)

名前

● 次《つぎ》の文章《ぶんしょう》を二回《にかい》読《よ》んで、答《こた》えましょう。

1

（うん。今《いま》だ！）

すいせんは、㋐大《おお》きくいきをすって、金色《きんいろ》のラッパをふき鳴《な》らします。

プップ・パッパ・パッパラピー・プウー

2

すき通《とお》った音《おと》が、池《いけ》をわたり、地面《じめん》をゆさぶり、おかを上《のぼ》って、向《む》こうの空《そら》にきえます。ありたちは、目《め》をまん丸《まる》にして、うんとせのびをして、まわりを見《み》ました。

（令和二年度版　東京書籍　新しい国語　三上　工藤《くどう》　直子《なおこ》）

1

(1) すいせんは、㋐大《おお》きくいきをすって、何《なに》をふき鳴《な》らしますか。

〔金色《きんいろ》の **ラッパ**〕

(2) すいせんがふき鳴《な》らしたラッパの音《おと》は、どんな音《おと》でしたか。

〔プップ・**パッパ**・パッパラピー・**プウー**〕

2

(1) すき通《とお》った音《おと》とは、何《なん》の音《おと》ですか。

〔金色《きんいろ》の **ラッパ** の音《おと》。〕

(2) ありたちは、どのようにして、まわりを見《み》ましたか。二《ふた》つに○をつけましょう。

（○）目《め》をまん丸《まる》にして見《み》た。
（○）うんとせのびをして見《み》た。
（　）おかを上《のぼ》って見《み》た。

29 頁

すいせんのラッパ (3)

名前

● 次《つぎ》の文章《ぶんしょう》を二回《にかい》読《よ》んで、答《こた》えましょう。

1

……すると、池《いけ》のそばのつつじのねもとが㋐むくっ。

㋑（あ、あそこだ、あそこだ。）

ありたちは、ひじをつついて、ささやきます。

2

むくっ。むくむくむくっ。

グローブみたいなかえるがとび起《お》きました。

目《め》をぱちぱちさせてから、すいせんを見《み》つけると、

㋐「やあ、今年《ことし》もありがとう。」

と、大《おお》きな声《こえ》で言《い》いました。

（令和二年度版　東京書籍　新しい国語　三上　工藤《くどう》　直子《なおこ》）

1

(1) どこが、㋐むくっ。と、しましたか。

〔**池** のそばの **つつじ** の **ねもと**〕

(2) ㋑（あ、あそこだ、あそこだ。）と、ひじをつついて、ささやいたのは、だれですか。

〔**ありたち**〕

2

(1) とび起《お》きたのは、何《なに》みたいなかえるですか。

〔**グローブ** みたいなかえる。〕

(2) ㋐の言葉《ことば》は、だれが、だれに、言《い》った言葉《ことば》ですか。

・だれ（が）〔**（グローブみたいな）かえる** が〕

・だれ（に）〔**すいせん** に言《い》いました。〕

30 頁

すいせんのラッパ (4)

名前

● 次《つぎ》の文章《ぶんしょう》を二回《にかい》読《よ》んで、答《こた》えましょう。

グローブみたいなかえるがとび起《お》きてすいせんに、「今年《ことし》もありがとう。」と言《い》いました。

1

それから、

「バオーン。」

と、あくびをして、

「はらへった。はらへった。はらへった。どっすん・ぽこ。どっすん・ぽこ。どっすん・ぽこ。」

と、林《はやし》の方《ほう》へとんでいきました。

2

「はあ！　かえるのおすもうさんだ。」

「かえるのよこづなだ！　どっすん、どっすん。」

ありたちは、葉《は》っぱの上《うえ》で、とび上《あ》がって手《て》をたたきました。

※よこづな…おすもうさんでいちばんくらいが上《うえ》の人《ひと》。

（令和二年度版　東京書籍　新しい国語　三上　工藤《くどう》　直子《なおこ》）

1

(1) かえるは、どんな声《こえ》を出《だ》して、あくびをしましたか。

〔**バオーン**〕

(2) 「どっすん・ぽこ。」のことばから、かえるの、どんな様子《ようす》がわかりますか。○をつけましょう。

（　）小《ちい》さくて、かるそうな様子《ようす》。
（○）大《おお》きくて、おもそうな様子《ようす》。

2

(1) ありたちは、「かえるのおすもうさん」のことを、ほかの言葉《ことば》で、何《なん》と言《い》っていますか。

〔かえるの **よこづな**〕

(2) ありたちは、どこで手《て》をたたきましたか。

〔**葉っぱの上**〕

31 頁

自然《しぜん》のかくし絵《え》 (1)

名前

● 次《つぎ》の文章《ぶんしょう》を二回《にかい》読《よ》んで、答《こた》えましょう。

1

木《き》のみきにとまったはずのセミや、草《くさ》のしげみに下《お》りたはずのバッタを、ふと見《み》うしなうことがあります。

セミやバッタは、木《き》のみきや草《くさ》の色《いろ》と見分《みわ》けにくい色《いろ》をしています。

※見《み》うしなう…見《み》えなくなってしまう。

2

㋐まわりの色《いろ》と見分《みわ》けにくい体《からだ》の色《いろ》は、てきから身《み》をかくすのに役立《やくだ》ちます。身《み》をかくすのに役立《やくだ》つ色《いろ》のことをほご色《しょく》といいます。

（令和二年度版　東京書籍　新しい国語　三上　矢島《やじま》　稔《みのる》）

1

(1) セミやバッタは、何《なに》と見分《みわ》けにくい色《いろ》をしていますか。二《ふた》つ書《か》きましょう。

〔**木のみき**〕〔**草の色**〕

2

(1) ㋐まわりの色《いろ》と見分《みわ》けにくい体《からだ》の色《いろ》は、どんなことに役立《やくだ》ちますか。

〔てきから **身** を **かくす** のに役立《やくだ》ちます。〕

(2) 身《み》をかくすのに役立《やくだ》つ色《いろ》のことを、何《なん》といいますか。

〔**ほご色**〕

解答例

本書の解答は，あくまでもひとつの例です。児童に取り組ませる前に，必ず指導される方が問題を解いてください。指導される方の作られた解答をもとに，児童の多様な考えに寄り添って○つけをお願いします。

32頁

自然《しぜん》のかくし絵《え》 (2)

名前

● 次《つぎ》の文章《ぶんしょう》を二回《にかい》読《よ》んで、答《こた》えましょう。

1

あ こん虫《ちゅう》は、ほご色《しょく》によって、どのようにてきから身《み》をかくしているのでしょうか。

い たとえば、コノハチョウの羽《はね》は、表《おもて》はあざやかな青《あお》とオレンジ色《いろ》ですが、うらは、かれ葉《は》のような色《いろ》をしています。

2

それに、羽《はね》をとじたときの形《かたち》も木《こ》の葉《は》そっくりです。そのため、木《き》のえだにとまっていると、えだにのこったかれ葉《は》と見分《みわ》けがつきません。

(令和二年度版　東京書籍　新しい国語　三上　矢島《やじま》　稔《みのる》)

1

(1) 「とい」が書《か》かれているだん落《らく》は、あいのどちらですか。

〔 あ 〕

(2) いのだん落《らく》には、何《なん》という こん虫《ちゅう》のことが書《か》いてありますか。

〔 コノハチョウ 〕

(3) コノハチョウの羽《はね》のうらは、どんな色《いろ》をしていますか。

〔 かれ葉のような色 〕

2

(1) コノハチョウが羽《はね》をとじたときの形《かたち》は、何《なに》にそっくりですか。

〔 木の葉 〕

(2) どんなときに、えだにのこったかれ葉《は》と、見分《みわ》けがつきませんか。

〔 木のえだにとまっているとき 〕

33頁

自然《しぜん》のかくし絵《え》 (3)

名前

● 次《つぎ》の文章《ぶんしょう》を二回《にかい》読《よ》んで、答《こた》えましょう。

1

また、トノサマバッタは、自分《じぶん》の体《からだ》の色《いろ》がほご色《しょく》になるような場所《ばしょ》をえらんですんでいるようです。トノサマバッタには、緑色《みどりいろ》のものとかっ色《しょく》のものがいます。

※かっ色《しょく》…こげ茶色《ちゃいろ》。

2

野外《やがい》で調《しら》べてみると、緑色《みどりいろ》の草《くさ》むらにいるのは、ほとんどが緑色《みどりいろ》のバッタで、かっ色《しょく》のかれ草《くさ》や落《お》ち葉《ば》の上《うえ》にいるのは、ほとんどがかっ色《しょく》のバッタです。

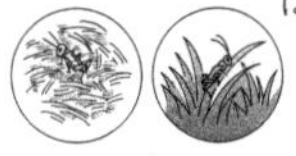

※野外《やがい》…たてものの外《そと》。

(令和二年度版　東京書籍　新しい国語　三上　矢島《やじま》　稔《みのる》)

1

(1) トノサマバッタは、どのような場所《ばしょ》をえらんで、すんでいますか。

〔 自分《じぶん》の体《からだ》の色《いろ》が ほご色 に なるような場所《ばしょ》。 〕

(2) トノサマバッタには、何色《なにいろ》のものがいますか。二《ふた》つ書《か》きましょう。

〔 緑色 のもの。 〕

〔 かっ色 のもの。 〕

2

(1) どこで調《しら》べてみましたか。

〔 野外 〕

(2) 緑色《みどりいろ》の草《くさ》むらにいるのは、ほとんどが、何色《なにいろ》のバッタですか。

〔 緑色 のバッタ 〕

(3) かっ色《しょく》のかれ草《くさ》や落《お》ち葉《ば》の上《うえ》にいるのは、ほとんどが、何色《なにいろ》のバッタですか。

〔 かっ色 のバッタ 〕

34頁

本《ほん》は友《とも》だち 心《こころ》の養分《ようぶん》 (1)

名前

● 次《つぎ》の文章《ぶんしょう》を二回《にかい》読《よ》んで、答《こた》えましょう。

1

わたしは、小《ちい》さいころ、体《からだ》が弱《よわ》かったせいか、走《はし》るのが苦手《にがて》で、外《そと》でみんなといっしょに遊《あそ》ぶより、家《いえ》で本《ほん》を読《よ》んでいるほうがすきな子《こ》どもでした。

2

友《とも》だちと遊《あそ》べないことをさびしいと思《おも》った記《き》おくがありませんので、きっと、本《ほん》を読《よ》んでいるほうが楽《たの》しかったのでしょう。

㋐そんなわたしが、小学三年生《しょうがくさんねんせい》のころ、大《だい》すきだったのは、グリムとアンデルセンの童話《どうわ》でした。

※グリム…グリム兄弟《きょうだい》。ドイツの童話《どうわ》作家《さっか》。

※アンデルセン…デンマークの童話《どうわ》作家《さっか》。

(令和二年度版　東京書籍　新しい国語　三上　茂市《もいち》　久美子《くみこ》)

1

(1) わたしは、小《ちい》さいころ、どんなことが苦手《にがて》でしたか。

〔 走る のが苦手《にがて》。 〕

(2) 外《そと》でみんなといっしょに遊《あそ》ぶより何《なん》のほうがすきな子《こ》どもでしたか。

〔 家で本を読んでいる ほうがすきな子《こ》どもでした。 〕

2

(1) ㋐そんなわたし、とは、どんなわたしですか。○をつけましょう。

( ) 友《とも》だちと遊《あそ》べないことをいつもさびしく思《おも》っていた。

(○) 友《とも》だちと遊《あそ》ぶより、本《ほん》を読《よ》んでいるほうが楽《たの》しかった。

(2) わたしが小学三年生《しょうがくさんねんせい》のころすきだったのは、何《なん》の童話《どうわ》ですか。二《ふた》つ書《か》きましょう。

〔 グリム 〕

〔 アンデルセン 〕

35頁

本《ほん》は友《とも》だち 心《こころ》の養分《ようぶん》 (2)

名前

● 次《つぎ》の文章《ぶんしょう》を二回《にかい》読《よ》んで、答《こた》えましょう。

1

グリムの「いばらひめ」や「ラプンツェル」、アンデルセンの「お月《つき》さまのしたお話《はなし》」や「人魚《にんぎょ》ひめ」など、同《おな》じお話《はなし》を、とくに夜《よる》ねる前《まえ》に、何度《なんど》くり返《かえ》して読《よ》んだことかしれません。

2

さらに、小川未明《おがわみめい》と新美南吉《にいみなんきち》の童話《どうわ》も、よく読《よ》みました。小川未明《おがわみめい》の「赤《あか》いろうそくと人魚《にんぎょ》」と、新美南吉《にいみなんきち》の「手《て》ぶくろを買《か》いに」は、やはり、㋐何度読《なんどよ》んだことかしれません。

(令和二年度版　東京書籍　新しい国語　三上　茂市《もいち》　久美子《くみこ》)

1

(1) 「いばらひめ」と「人魚《にんぎょ》ひめ」の作者《さくしゃ》は、それぞれ、だれですか。

① 「いばらひめ」 〔 グリム 〕

② 「人魚《にんぎょ》ひめ」 〔 アンデルセン 〕

(2) 同《おな》じお話《はなし》を、とくに、いつくり返《かえ》して読《よ》みましたか。

〔 夜ねる前 〕

2

(1) 小川未明《おがわみめい》と新美南吉《にいみなんきち》が書《か》いた童話《どうわ》の題名《だいめい》を、文中《ぶんちゅう》から書《か》き出《だ》しましょう。

① 小川未明《おがわみめい》 〔 赤いろうそくと人魚 〕

② 新美南吉《にいみなんきち》 〔 手ぶくろを買いに 〕

(2) ㋐何度《なんど》読《よ》んだことかしれませんと同《おな》じことを表《あらわ》すものに○をつけましょう。

(○) 何度《なんど》も読《よ》んだ。

( ) 一度《いちど》も読《よ》んでいない。

36頁

紙《かみ》ひこうき

名前

● 次《つぎ》の詩《し》を二回読《にかいよ》んで、答《こた》えましょう。

紙《かみ》ひこうき

神沢《かんざわ》　利子《としこ》

1
ぼくの　とばした　紙《かみ》ひこうき
すういと　とんで
くるりと　まわって
まつの木《き》の　上《うえ》に　ちゃくりく
ぼくには　とどかない　たかい枝《えだ》

2
おうい、おりてこいよ
かぜが　枝《えだ》を　ゆすっても
おちてこない　紙《かみ》ひこうき
かあさんに　だかれて　ゆうらゆら
いいきもちで　いるみたい

3
うまれる　まえは
森《もり》の　木《き》だった　紙《かみ》……

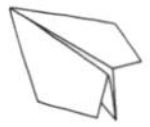

（令和二年度版　東京書籍　新しい国語　三上　神沢　利子）

(1) 1で、ぼくは、何《なに》をとばしましたか。

［紙ひこうき］

(2) 紙《かみ》ひこうきが、ちゃくりくしたところは、どこですか。○をつけましょう。

（　）まつの木《き》の上《うえ》の、ぼくにもとどく、ひくい枝《えだ》。

（○）まつの木《き》の上《うえ》の、ぼくにはとどかない、たかい枝《えだ》。

(3) 2で、「おうい、おりてこいよ」は、①だれが、②何《なに》によびかけていますか。

①だれが

［ぼく（が）］

②何《なに》に

［紙ひこうき］

(4) 3で、「うまれる　まえは　森《もり》の木《き》だった」のは、何《なん》ですか。

［紙］

紙《かみ》はパルプという、木《き》のせんいをやわらかくしたものから作《つく》られているよ。

36

37頁

サーカスのライオン（1）

名前

● 次《つぎ》の文章《ぶんしょう》を二回読《にかいよ》んで、答《こた》えましょう。

1
町外《まちはず》れの広場《ひろば》に、サーカスがやってきた。ライオンやとらもいれば、お化《ば》け屋《や》しきもある。ひさしぶりのことなので、見物人《けんぶつにん》が㋐ぞくぞくとやってきた。

※町外《まちはず》れ…町《まち》の中心《ちゅうしん》からはなれた、家《いえ》があまりないところ
※見物人《けんぶつにん》…サーカスを見《み》に来《き》た人《ひと》

2
「はい、いらっしゃい、いらっしゃい。オーラ、オーラ、お帰《かえ》りはこちらです。」

寒《さむ》い風《かぜ》をはらんだテントがハタハタと鳴《な》って、サーカス小屋《ごや》は、まるで海《うみ》の上《うえ》を走《はし》るほかけ船《ぶね》のようだった。

※はらんだ（はらむ）…風《かぜ》にふかれてふくらんだ
※ほかけ船《ぶね》…船《ふね》のはしらにぬのをはって風《かぜ》の力《ちから》で進《すす》む船《ふね》。

（令和二年度版　東京書籍　新しい国語　三上　川村《かわむら》　たかし）

1
(1) どこに、サーカスがやってきましたか。

［町外れの広場］

(2) ㋐ぞくぞくとの意味《いみ》に、○をつけましょう。

（○）つぎつぎに、後《あと》から後《あと》からとぎれることなく。

（　）ときどき、ぱらぱらと。

2
(1) 寒《さむ》い風《かぜ》をはらんだテントは、どんなふうに鳴《な》っていましたか。その音《おと》を書《か》きましょう。

［ハタハタ］

(2) ほかけ船《ぶね》のようだったのは、何《なん》ですか。

［サーカス小屋］

37

38頁

サーカスのライオン（2）

名前

● 次《つぎ》の文章《ぶんしょう》を二回読《にかいよ》んで、答《こた》えましょう。

1
ライオンのじんざは、年取《としと》っていた。ときどき耳《みみ》をひくひくさせながら、テントのかげのはこの中《なか》で、一日中《いちにちじゅう》ねむっていた。

ねむっているときは、いつもアフリカのゆめを見《み》た。

2
ゆめの中《なか》に、お父《とう》さんやお母《かあ》さんや兄《にい》さんたちがあらわれた。草原《そうげん》の中《なか》を、じんざは風《かぜ》のように走《はし》っていた。

（令和二年度版　東京書籍　新しい国語　三上　川村《かわむら》　たかし）

1
(1) じんざは、どのようなライオンですか。○をつけましょう。

（　）わかくて、とても元気《げんき》なライオン。

（○）年取《としと》っていて、一日中《いちにちじゅう》ねむっているライオン。

(2) じんざは、ねむっているときいつも、何《なん》のゆめを見《み》ましたか。

［アフリカ（のゆめ）］

2
(1) ゆめの中《なか》にあらわれたのは、だれですか。三《みっ》つに○をつけましょう。

（○）お母《かあ》さん

（　）おじいさん

（○）お父《とう》さん

（○）兄《にい》さんたち

(2) ゆめの中《なか》でじんざは、どこを風《かぜ》のように走《はし》っていましたか。

［草原の中］

38

39頁

サーカスのライオン（3）

名前

● 次《つぎ》の文章《ぶんしょう》を二回読《にかいよ》んで、答《こた》えましょう。

とう場人物《じょうじんぶつ》　じんざ（ライオン）・（ライオンつかいの）おじさん

1
自分《じぶん》の番《ばん》が来《く》ると、じんざは㋐のそりと立《た》ち上《あ》がる。はこはテントの中《なか》に持《も》ちこまれ、十五《じゅうご》まいの鉄《てつ》のこうし戸《ど》が組《く》み合《あ》わされて、ライオンのぶ台《たい》ができあがる。

ぶ台《たい》の真《ま》ん中《なか》では、円《まる》い輪《わ》がめらめらともえていた。

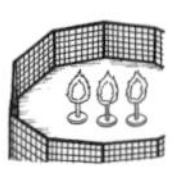

2
㋐「さあ、始《はじ》めるよ。」

ライオンつかいのおじさんが、チタン、チタッとむちを鳴《な》らすと、じんざは火《ひ》の輪《わ》を目《め》がけて㋑ジャンプした。

（令和二年度版　東京書籍　新しい国語　三上　川村《かわむら》　たかし）

1
(1) ㋐のそりと同《おな》じことを表《あらわ》す文《ぶん》に○をつけましょう。

（○）ゆっくりのろのろと動《うご》くようす。

（　）すばやくさっさと動《うご》くようす。

(2) ぶ台《たい》の真《ま》ん中《なか》で、円《まる》い輪《わ》はどんな様子《ようす》でしたか。

［めらめらともえていた。］

2
(1) ㋐の言葉《ことば》は、だれが言《い》った言葉《ことば》ですか。

［ライオンつかいのおじさん］

(2) ㋑じんざは、何《なに》を目《め》がけてジャンプしましたか。

［火の輪］

39

解答例

本書の解答は，あくまでもひとつの例です。児童に取り組ませる前に，必ず指導される方が問題を解いてください。指導される方の作られた解答をもとに，児童の多様な考えに寄り添って○つけをお願いします。

40頁

サーカスのライオン (4)

名前

● 次《つぎ》の文章《ぶんしょう》を二回《にかい》読《よ》んで、答《こた》えましょう。

ライオンつかいのおじさんがむちを鳴《な》らすと、じんざは火《ひ》の輪《わ》をめがけてジャンプした。

とう場人物《じょうじんぶつ》　じんざ（ライオン）・おじさん

1

㋐うまいものだ。二本《にほん》でも三本《さんぼん》でも、もえる輪《わ》の中《なか》をくぐりぬける。おじさんがよそ見《み》しているのに、じんざは三回《さんかい》、四回《よんかい》とくり返《かえ》していた。

2

夜《よる》になった。

お客《きゃく》が帰《かえ》ってしまうと、サーカス小屋《ごや》はしんとした。ときおり、風《かぜ》がふくような音《おと》を立《た》ててとらがほえた。

※ときおり…たまに。ときどき。

（令和二年度版　東京書籍　新しい国語　三上　川村《かわむら》　たかし）

1

(1) 何《なに》が、㋐うまいものなのですか。○をつけましょう。

（〇）じんざが、もえる輪《わ》の中《なか》をくぐりぬけること。

（　）おじさんがよそ見《み》をすること。

(2) じんざが、三回《さんかい》、四回《よんかい》とくり返《かえ》していたことは、何《なに》ですか。

［ もえる輪 ］の中《なか》を［ くぐりぬける ］こと。

2

(1) お客《きゃく》が帰《かえ》ってしまうと、サーカス小屋《ごや》は、どうなりましたか。

［ しんとした。 ］

(2) どんな音《おと》を立《た》てて、とらがほえましたか。

（　）しんとした音《おと》

（〇）風《かぜ》がふくような音《おと》

41頁

サーカスのライオン (5)

名前

● 次《つぎ》のあらすじと文章《ぶんしょう》を二回《にかい》読《よ》んで、答《こた》えましょう。

夜《よる》になった。お客《きゃく》が帰《かえ》ってしまうと、サーカス小屋《ごや》はしんとした。

とう場人物《じょうじんぶつ》　じんざ（ライオン）・おじさん

1

㋐「たいくつかね。ねてばかりいるから、いつのまにか、おまえの目《め》も白《しろ》くにごってしまったよ。今日《きょう》のジャンプなんて、元気《げんき》がなかったぞ。」

おじさんがのぞきに来《き》て言《い》った。

2

じんざが答《こた》えた。

㋑「そうともさ。毎日《まいにち》、同《おな》じことばかりやっているうちに、わしは㋐おいぼれたよ。」

㋒「だろうなあ。ちょっとかわってやるから、散歩《さんぽ》でもしておいでよ。」

（令和二年度版　東京書籍　新しい国語　三上　川村《かわむら》　たかし）

1

(1) ㋐の言葉《ことば》は、だれが、言《い》った言葉《ことば》ですか。○をつけましょう。

（　）じんざ（ライオン）

（〇）おじさん

(2) 今日《きょう》のジャンプは、どんな様子《ようす》でしたか。文中《ぶんちゅう》から書《か》き出《だ》しましょう。

［ 元気 ］がなかったぞ。

2

(1) ㋑㋒の言葉《ことば》は、だれが言《い》った言葉《ことば》ですか。

㋑［ じんざ ］

㋒［ おじさん ］

(2) ㋐おいぼれたと、同《おな》じことを表《あらわ》すもの一《ひと》つに○をつけましょう。

（　）わかく元気《げんき》になった。

（〇）年《とし》を取《と》った。

（　）上手《うま》くなった。

42頁

サーカスのライオン (6)

名前

● 次《つぎ》の文章《ぶんしょう》を二回《にかい》読《よ》んで、答《こた》えましょう。

1

そこで、ライオンは人間《にんげん》の服《ふく》を着《き》た。分《わ》からないように、マスクもかけた。くつをはき、手《て》ぶくろもはめた。

ライオンのじんざはうきうきして外《そと》へ出《で》た。

とう場人物《じょうじんぶつ》　じんざ（ライオン）・男《おとこ》の子《こ》

2

㋐「外《そと》はいいなあ。星《ほし》がちくちくゆれて、北風《きたかぜ》にふきとびそうだなあ。」

㋐ひとり言《ごと》を言《い》っていると、

㋑「おじさん、サーカスのおじさん。」

と、声《こえ》がした。

男《おとこ》の子《こ》が一人《ひとり》、立《た》っていた。

（令和二年度版　東京書籍　新しい国語　三上　川村《かわむら》　たかし）

1

(1) 何《なに》を、分《わ》からないようにするために、じんざはマスクをかけましたか。

［ ライオン ］だと分《わ》からないようにするため。

(2) 外《そと》へ出《で》たときの、じんざの気《き》もちがわかる言葉《ことば》を書《か》きましょう。

［ うきうき ］

2

(1) ㋐と㋑はそれぞれ、だれが言《い》ったことばですか。

㋐［ （ライオンの）じんざ ］

㋑［ 男の子 ］

(2) ㋐ひとり言《ごと》と、同《おな》じことを表《あらわ》すほうに○をつけましょう。

（〇）聞《き》く相手《あいて》がいないのに、一人《ひとり》で話《はな》すこと。

（　）遠《とお》くの人《ひと》に聞《き》こえるように、大《おお》きな声《こえ》で話《はな》すこと。

43頁

サーカスのライオン (7)

名前

● 次《つぎ》の文章《ぶんしょう》を二回《にかい》読《よ》んで、答《こた》えましょう。

じんざが人間《にんげん》の服《ふく》を着《き》て外《そと》に出《で》ると、「サーカスのおじさん。」と、声《こえ》がした。男《おとこ》の子《こ》が一人《ひとり》、立《た》っていた。

とう場人物《じょうじんぶつ》　じんざ（ライオン）・男《おとこ》の子《こ》

1

㋐「もう、ライオンはねむったかしら。ぼく、ちょっとだけ、そばへ行《い》きたいんだけどなあ。」

じんざはおどろいて、㋐もぐもぐたずねた。

㋑「ライオンがすきなのかね。」

2

㋒「うん、大《だい》すき。それなのに、ぼくたち昼間《ひるま》サーカスを見《み》たときは、何《なん》だかしょげていたの。だから、お見《み》まいに来《き》たんだよ。」

じんざは、ぐぐっと㋑むねのあたりがあつくなった。

（令和二年度版　東京書籍　新しい国語　三上　川村《かわむら》　たかし）

1

(1) ㋐と㋑の言葉《ことば》は、だれが言《い》った言葉《ことば》ですか。

㋐［ 男の子 ］

㋑［ じんざ ］

(2) ㋐もぐもぐは、どんな様子《ようす》をあらわしていますか。○をつけましょう。

（　）口《くち》を大《おお》きく開《あ》けて、はきはき話《はな》す様子《ようす》。

（〇）口《くち》をあまりあけないで、話《はな》す様子《ようす》。

2

(1) ㋒の言葉《ことば》は、だれが言《い》った言葉《ことば》ですか。

［ 男の子 ］

(2) ㋑むねのあたりがあつくなったとき、じんざは、どんな気持《きも》ちでしたか。○をつけましょう。

（〇）お見《み》まいに来《き》た。と言《い》われて、うれしい気持《きも》ちだった。

（　）しょげていた。と言《い》われて、悲《かな》しい気持《き》ちだった。

44頁

かえるのぴょん

●次《つぎ》の詩《し》を二回《にかい》読《よ》んで、答《こた》えましょう。

名前

[1]

かえるのぴょん

谷川《たにかわ》　俊太郎《しゅんたろう》

かえるのぴょん
とぶのがだいすき
はじめにかあさん とびこえて
それからとうさん とびこえる
ぴょん

[2]

かえるのぴょん
とぶのがだいすき
つぎにはじどうしゃ とびこえて
しんかんせんも とびこえる
ぴょん　ぴょん

[3]

かえるのぴょん
とぶのがだいすき
とんでるひこうき とびこえて
ついでにおひさま とびこえる
ぴょん　ぴょん　ぴょん

[4]

かえるのぴょん
とぶのがだいすき
とうとう きょうを とびこえて
あしたのほうへ きえちゃった
ぴょん　ぴょん　ぴょん　ぴょん

（令和二年度版　教育出版　ひろがる言葉　小学国語　三上　谷川　俊太郎）

(1) この詩《し》は、いくつのまとまりからできていますか。

〔四〕つ

(2) [1]で、かえるのぴょんは、はじめに、何《なに》をとびこえましたか。

〔かあさん〕

(3) [3]で、かえるのぴょんは、ひこうきをとびこえて、ついでに何《なに》をとびこえましたか。

〔おひさま〕

(4) この詩《し》は、どのまとまりも、同《おな》じ言葉《ことば》の二行《にぎょう》ではじまります。その二行《にぎょう》を文中《ぶんちゅう》から書《か》き出《だ》しましょう。

かえるのぴょん
とぶのがだいすき

(5) それぞれのまとまりのさいごの「ぴょん」は、だんだんと、どうなっていますか。一《ひと》つに○をつけましょう。

（　）一《ひと》つずつへっている。
（○）一《ひと》つずつふえている。
（　）二《ふた》つずつふえている。

45頁

うめぼしのはたらき (1)

●次《つぎ》の文章《ぶんしょう》を二回《にかい》読《よ》んで、答《こた》えましょう。

名前

①うめぼしは、うめの実《み》をしおにつけて作《つく》った、とてもすっぱい食《た》べ物《もの》です。日本《にほん》では、むかしから食《た》べられてきました。

みなさんも、食《た》べたことがあるでしょう。㋐わたしたちは、なぜ、そんなにすっぱいうめぼしを食《た》べるのでしょう。

②それは、うめぼしが、わたしたちの体《からだ》にとって、いろいろとよいはたらきをするからです。

（令和二年度版　教育出版　ひろがる言葉　小学国語　三上）

(1) うめぼしは、うめの実《み》を何《なに》につけて作《つく》った食《た》べ物《もの》ですか。

しお

(2) うめぼしは、どんな食《た》べ物《もの》ですか。あてはまるもの二《ふた》つに、○をつけましょう。

（　）とても、あまい食《た》べ物《もの》。
（○）とても、すっぱい食《た》べ物《もの》。
（○）むかしから食《た》べられてきた食《た》べ物《もの》。
（　）今《いま》は、ほとんど食《た》べられていない食《た》べ物《もの》。

(3) ㋐わたしたちは、なぜ、そんなにすっぱいうめぼしを食《た》べるのでしょう。とあります。②を読《よ》んで、□に言葉《ことば》を書《か》きましょう。

うめぼしが、わたしたちの〔体〕にとって、いろいろと〔よいはたらき〕をするからです。

46頁

うめぼしのはたらき (2)

●次《つぎ》の文章《ぶんしょう》を二回《にかい》読《よ》んで、答《こた》えましょう。

名前

③うめぼしは、食《た》べ物《もの》の消化《しょうか》をたすけるはたらきをします。

わたしたちの体《からだ》は、すっぱいものを食《た》べると、たくさんのつばを出《だ》します。つばには、食《た》べ物《もの》の消化《しょうか》をよくするはたらきがあるので、うめぼしを食《た》べると、食《た》べ物《もの》の消化《しょうか》がよくなるのです。

※消化《しょうか》…（食《た》べ物《もの》を）体《からだ》にとり入《い》れやすくすること。

（令和二年度版　教育出版　ひろがる言葉　小学国語　三上）

(1) 上《うえ》の文《ぶん》では、うめぼしの、どんなはたらきについて、説明《せつめい》していますか。

〔食べ物の消化〕を〔たすける〕はたらき。

(2) わたしたちの体《からだ》は、どんなものを食《た》べると、たくさんのつばを出《だ》しますか。

すっぱいもの

(3) つばには、どんなはたらきがありますか。

〔食べ物の消化〕を〔よくする〕はたらき。

47頁

めだか (1)

●次《つぎ》の文章《ぶんしょう》を二回《にかい》読《よ》んで、答《こた》えましょう。

名前

[1]

春《はる》になると、小川《おがわ》や池《いけ》の水面近《すいめんちか》くに、めだかがすがたをあらわします。めだかは、大変小《たいへんち》さな魚《さかな》です。体長《たいちょう》は、大人《おとな》になっても三《さん》、四《よん》センチメートルにしかなりません。

[2]

めだかは、のんびり楽《たの》しそうに泳《およ》いでいるようですが、いつも、たくさんのてきにねらわれています。「たがめ」や「げんごろう」、「やご」や「みずかまきり」などの、水《みず》の中《なか》にいるこん虫《ちゅう》は、とくにこわいてきです。大《おお》きな魚《さかな》や「ざりがに」にもおそわれます。

（令和二年度版　教育出版　ひろがる言葉　小学国語　三上　杉浦《すぎうら》　宏《ひろし》）

[1]

(1) めだかがすがたをあらわすきせつは、いつですか。

〔春〕

(2) 大人《おとな》になっためだかの体長《たいちょう》は、どれぐらいですか。

〔三、四センチメートル〕

[2]

(1) めだかはいつもたくさんの、何《なに》にねらわれていますか。

てき

(2) めだかのてきとなるこん虫《ちゅう》の名前《なまえ》を、文中《ぶんちゅう》からさがして四《よっ》つ書《か》きましょう。

〔たがめ〕〔げんごろう〕〔やご〕〔みずかまきり〕

本書の解答は，あくまでもひとつの例です。児童に取り組ませる前に，必ず指導される方が問題を解いてください。指導される方の作られた解答をもとに，児童の多様な考えに寄り添って○つけをお願いします。

48頁

めだか (2)

名前

● 次《つぎ》の文章《ぶんしょう》を二回《にかい》読《よ》んで、答《こた》えましょう。

1

では、めだかは、そのようなてきから、どのようにして身《み》を守《まも》っているのでしょうか。

2

第一《だいいち》に、めだかは、小川《おがわ》や池《いけ》の水面近《すいめんちか》くでくらして、身《み》を守《まも》ります。水面近《すいめんちか》くには、やごやみずかまきりなどの、てきがあまりいないからです。

（令和二年度版　教育出版　ひろがる言葉　小学国語　三上　杉浦　宏）

1

(1) 1の文《ぶん》に書《か》かれているぎもんは何《なん》ですか。文中《ぶんちゅう》から□に書《か》き出《だ》しましょう。

めだかは、そのようなてきから、**どのようにして身を守っているのでしょうか。**

2

(1) 2の文《ぶん》を読《よ》んで、□にあてはまる言葉《ことば》を書《か》きましょう。

めだかは、小川《おがわ》や**池**の**水面近く**でくらして、身《み》を守《まも》ります。

(2) なぜ、水面近《すいめんちか》くでくらすと身《み》を守《まも》れるのですか。○をつけましょう。

（○）水面近《すいめんちか》くには、てきがあまりいないから。

（　）水面近《すいめんちか》くには、えさがたくさんあるから。

49頁

めだか (3)

名前

● 次《つぎ》の文章《ぶんしょう》を二回《にかい》読《よ》んで、答《こた》えましょう。

1

第二《だいに》に、めだかは、すいっ、すいっとすばやく泳《およ》いで、身《み》を守《まも》ります。近《ちか》づいてきたてきから、さっとにげることができるからです。

2

第三《だいさん》に、めだかは、小川《おがわ》や池《いけ》のそこにもぐっていって、水《みず》をにごらせ、身《み》を守《まも》ります。近《ちか》づいてきたてきに見《み》つからないようにかくれることができるからです。

※にごらせる…きたなくする。

（令和二年度版　教育出版　ひろがる言葉　小学国語　三上　杉浦　宏）

1

(1) □にあてはまる言葉《ことば》を書《か》きましょう。

すいっ、すいっと**すばやく泳いで**、身《み》を守《まも》ります。

(2) 近《ちか》づいてきたてきから、どのようににげることができますか。

さっとにげることができる。

2

(1) 2の文《ぶん》を読《よ》んで、□にあてはまる言葉《ことば》を書《か》きましょう。

小川《おがわ》や池《いけ》の**そこ**にもぐり、水《みず》を**にごらせ**、身《み》を守《まも》ります。

(2) 水《みず》をにごらせると身《み》を守《まも》れるのは、なぜですか。○をつけましょう。

（　）てきがきたない水《みず》をきらってにげるから。

（○）てきに見《み》つからないようにかくれることができるから。

50頁

めだか (4)

名前

● 次《つぎ》の文章《ぶんしょう》を二回《にかい》読《よ》んで、答《こた》えましょう。

1

第四《だいよん》に、めだかは、何十《なんじゅっ》ぴきも集《あつ》まって泳《およ》ぐことによって、身《み》を守《まも》ります。

2

てきを見《み》つけためだかが、きけんがせまっていることを仲間《なかま》に知《し》らせると、みんなは㋐いっせいにちらばり、てきが目《め》うつりしている間《あいだ》に、にげることができるからです。

※目《め》うつり…ほかのものに気《き》をとられて、見《み》るところがあちこちときまらないこと。

（令和二年度版　教育出版　ひろがる言葉　小学国語　三上　杉浦　宏）

1

(1) 第四《だいよん》に、めだかはどうすることによって身《み》を守《まも》りますか。

何十ぴきも集まって泳ぐことによって、身《み》を守《まも》ります。

2

(1) てきを見《み》つけためだかは、どんなことを仲間《なかま》に知《し》らせますか。

きけんがせまっていること

(2) ㋐いっせいにちらばり、てきが目《め》うつりしている間《あいだ》に、何《なに》ができますか。

にげること。

51頁

俳句《はいく》を楽《たの》しもう (1)

名前

(1) つぎの文《ぶん》は、「俳句《はいく》」について書《か》かれた文《ぶん》です。□にあてはまる言葉《ことば》を□からえらんで書《か》きましょう。

「俳句《はいく》」は、ふつう**五**・**七**・**五**の**十七**音《おん》でできている、短《みじか》い**詩**です。日本《にほん》では、**むかし**から作《つく》られています。

十七《じゅうしち》・五《ご》・五《ご》・七《しち》・むかし・詩《し》

(2) つぎの文《ぶん》は、「季語《きご》」について書《か》かれた文《ぶん》です。□にあてはまる言葉《ことば》を□からえらんで書《か》きましょう。

「季語《きご》」は、**俳句**に使《つか》われている、**きせつ**を表《あらわ》す言葉《ことば》のことです。

俳句《はいく》には、ふつう季語《きご》が入《はい》っていて、**しぜん**の様子《ようす》や、そこで感《かん》じられることが表《あらわ》されます。

しぜん・俳句《はいく》・きせつ

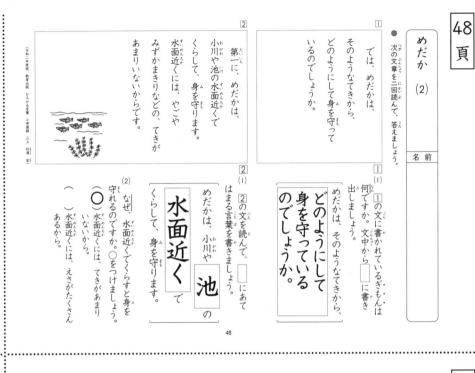

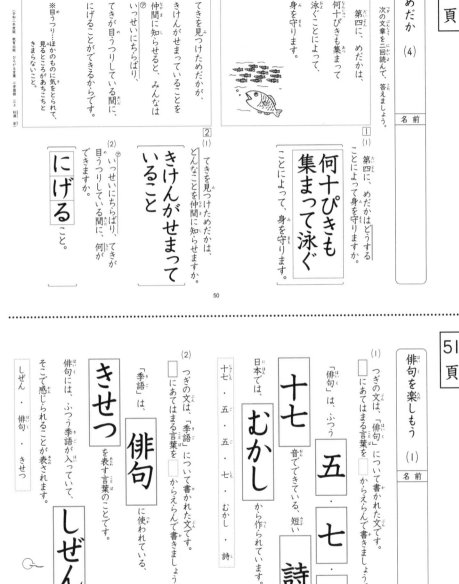

52 頁

俳句《はいく》を楽《たの》しもう (2)

名前

● つぎの俳句《はいく》を二回《にかい》読《よ》んで、答《こた》えましょう。

1

雪《ゆき》とけて村《むら》一《いっ》ぱいの子《こ》どもかな　小林《こばやし》　一茶《いっさ》

雪《ゆき》がとけて、たくさんの子《こ》どもたちが、待《ま》ちかねたように、外《そと》で遊《あそ》び回《まわ》っている。

《季語》雪　…　《季節》冬

2

菜《な》の花《はな》や月《つき》は東《ひがし》に日《ひ》は西《にし》に　与謝《よさ》　蕪村《ぶそん》

菜《な》の花畑《はなばたけ》が広《ひろ》がっている。見上《みあ》げると、東《ひがし》の空《そら》には月《つき》が上《のぼ》り、西《にし》の空《そら》には夕日《ゆうひ》がしずんでいく。

《季語》菜の花　…　《季節》春

(令和二年度版　東京書籍　新しい国語　三下「俳句に親しむ」による)

1

(1) 俳句《はいく》を五《ご》・七《しち》・五《ご》の音《おん》に分《わ》けて、ひらがなで書《か》きましょう。

ゆきとけて　むらいっぱいの　こどもかな

(2) 外《そと》で遊《あそ》び回《まわ》っているのはだれですか。

たくさんの　子どもたち

2

(1) 俳句《はいく》を五《ご》・七《しち》・五《ご》の音《おん》に分《わ》けて、ひらがなで書《か》きましょう。

なのはなや　つきはひがしに　ひはにしに

(2) 上《のぼ》ったものは、何《なん》ですか。

月

(3) しずんでいくものは、何《なん》ですか。

夕日

53 頁

俳句《はいく》を楽《たの》しもう (3)

名前

● つぎの俳句《はいく》を二回《にかい》読《よ》んで、答《こた》えましょう。

1

青蛙《あおがえる》おのれもペンキぬりたてか㋐　芥川《あくたがわ》　龍之介《りゅうのすけ》

青《あお》がえるよ、せなかがぬれて光《ひか》っているが、おまえもペンキぬりたてか。

《季語》青がえる　…　《季節》夏

2

名月《めいげつ》を取《と》ってくれろとなく子《こ》かな　小林《こばやし》　一茶《いっさ》

空《そら》には満月《まんげつ》が上《のぼ》っている。子《こ》どもが「あの月《つき》を取《と》ってくれ。」となきながら、だだをこねている。

《季語》名月　…　《季節》秋

(令和二年度版　東京書籍　新しい国語　三下「俳句に親しむ」による)

1

(1) 俳句《はいく》を五《ご》・七《しち》・五《ご》の音《おん》に分《わ》けて、ひらがなで書《か》きましょう。

あおがえる　おのれもぺんき　ぬりたてか

(2) ㋐ペンキぬりたてかと書《か》いてあるのはなぜですか。

(　)かえるがぴょんとはねたから。

(○)かえるのせなかがぬれて光《ひか》っているから。

2

(1) 俳句《はいく》を五《ご》・七《しち》・五《ご》の音《おん》に分《わ》けて、ひらがなで書《か》きましょう。

めいげつを　とってくれろと　なくこかな

(2) 空《そら》に上《あ》がっているのはどんな月《つき》ですか。

(　)三日月《みかづき》

(○)満月《まんげつ》

54 頁

俳句《はいく》を楽《たの》しもう (4)

名前

● つぎの俳句《はいく》を二回《にかい》読《よ》んで、答《こた》えましょう。

1

古池《ふるいけ》や蛙《かわず》飛《と》びこむ水《みず》の音《おと》　松尾《まつお》　芭蕉《ばしょう》

ひっそりとしずかな古池《ふるいけ》に、かえるが飛《と》びこむ水《みず》の音《おと》が聞《き》こえた。

《季語》かわず　…　《季節》春

2

閑《しず》かさや岩《いわ》にしみ入《い》る蟬《せみ》の声《こえ》　松尾《まつお》　芭蕉《ばしょう》

なんてしずかなんだろう。その中《なか》で、せみの声《こえ》だけが、まるで岩《いわ》の中《なか》にしみていくように聞《き》こえている。

《季語》せみ　…　《季節》夏

(令和二年度版　光村図書　国語　三上　わかば「俳句を楽しもう」による)

1

(1) 俳句《はいく》を五《ご》・七《しち》・五《ご》の音《おん》に分《わ》けて、ひらがなで書《か》きましょう。

ふるいけや　かわずとびこむ　みずのおと

(2) この俳句《はいく》が読《よ》まれた場所《ばしょ》は、どんな様子《ようす》ですか。○をつけましょう。

(　)かえるがないて、うるさい様子《ようす》。

(○)かえるが池《いけ》に飛《と》びこむ音《おと》が聞《き》こえるほど、しずかな様子《ようす》。

2

(1) 俳句《はいく》を五《ご》・七《しち》・五《ご》の音《おん》に分《わ》けて、ひらがなで書《か》きましょう。

しずかさや　いわにしみいる　せみのこえ

(2) この俳句《はいく》が読《よ》まれた場所《ばしょ》で聞《き》こえるのは、何《なん》の声《こえ》ですか。

せみ　の声《こえ》

55 頁

俳句《はいく》を楽《たの》しもう (5)

名前

● つぎの俳句《はいく》を二回《にかい》読《よ》んで、答《こた》えましょう。

1

春《はる》の海《うみ》終日《ひねもす》のたりのたりかな　与謝《よさ》　蕪村《ぶそん》

あたたかな春《はる》の日《ひ》の海《うみ》は、一日中《いちにちじゅう》、のたりのたりとうねっているよ。

《季語》春の海　…　《季節》春

2

夏山《なつやま》や一足《ひとあし》づつに海《うみ》見《み》ゆる㋐　小林《こばやし》　一茶《いっさ》

山《やま》を登《のぼ》り、ちょうじょうが近《ちか》づいてきた。一歩《いっぽ》すすむごとに、明《あか》るい夏《なつ》の海《うみ》が見《み》えてくる。

《季語》夏山　…　《季節》夏

(令和二年度版　光村図書　国語　三上　わかば「俳句を楽しもう」による)

1

(1) 俳句《はいく》を五《ご》・七《しち》・五《ご》の音《おん》に分《わ》けて、ひらがなで書《か》きましょう。

はるのうみ　ひねもすのたり　のたりかな

(2) この俳句《はいく》で読《よ》まれている春《はる》の海《うみ》は、どんな海《うみ》ですか。○をつけましょう。

(○)波《なみ》がゆっくりうちよせる海《うみ》。

(　)波《なみ》が高《たか》くうねっているあらあらしい海《うみ》。

2

(1) 俳句《はいく》を五《ご》・七《しち》・五《ご》の音《おん》に分《わ》けて、ひらがなで書《か》きましょう。

なつやまや　ひとあしづつに　うみみゆる

(2) 夏山《なつやま》にのぼるにつれ何《なに》が見《み》えてきますか。［　］に書《か》きましょう。

明《あか》るい夏《なつ》の［海］

解答例

本書の解答は，あくまでもひとつの例です。児童に取り組ませる前に，必ず指導される方が問題を解いてください。指導される方の作られた解答をもとに，児童の多様な考えに寄り添って○つけをお願いします。

56頁

俳句《はいく》を楽《たの》しもう (6)

名前

● つぎの俳句《はいく》を二回《にかい》読《よ》んで、答《こた》えましょう。

1

名月《めいげつ》や池《いけ》をめぐりて夜《よ》もすがら　松尾《まつお》　芭蕉《ばしょう》

中秋《ちゅうしゅう》の名月《めいげつ》の光《ひかり》が、池《いけ》の水《みず》にうつって㋐あまりにもうつくしいので、ひとばんじゅう池《いけ》のまわりを歩《ある》きながらながめていました。

《季語》名月……《季節》秋

2

かきくえば鐘《かね》が鳴《な》るなり法隆寺《ほうりゅうじ》　正岡《まさおか》　子規《しき》

かきは奈良《なら》の名物《めいぶつ》で、法隆寺《ほうりゅうじ》は奈良《なら》の有名《ゆうめい》なお寺《てら》です。作者《さくしゃ》は、旅行《りょこう》で奈良《なら》に来《き》たのです。かきを食《た》べていると、ちょうど法隆寺《ほうりゅうじ》の鐘《かね》の音《ね》が聞《き》こえてきました。

（令和二年度版　教育出版　ひろがる言葉　小学国語　三上「俳句に親しむ」による）

1 (1) 俳句《はいく》を五・七《しち》・五の音《おん》に分《わ》けて、ひらがなで書《か》きましょう。

めいげつや
いけをめぐりて
よもすがら

(2) ㋐あまりにもうつくしいので、ひとばんじゅう何《なに》をながめていましたか。○をつけましょう。

（○）月《つき》
（　）池《いけ》のまわり

2 (1) この俳句《はいく》の季語《きご》は「かき」です。季節《きせつ》はいつを表《あらわ》していますか。一《ひと》つに○をつけましょう。

（　）春《はる》
（　）夏《なつ》
（○）秋《あき》

(2) かきを食《た》べていると何《なに》が聞《き》こえてきましたか。

（　）かきが木《き》から落《お》ちる音《おと》
（○）鐘《かね》の音《おと》

57頁

国語辞典《こくごじてん》を使《つか》おう (1)

名前

● 国語辞典《こくごじてん》には、図《ず》のように「つめ」があります。つぎの言葉《ことば》を調《しら》べるときは、「あ」～「わ」のどの「つめ」のところを開《ひら》けるとよいですか。□に「あ」～「わ」の文字《もじ》を書《か》いて答《こた》えましょう。

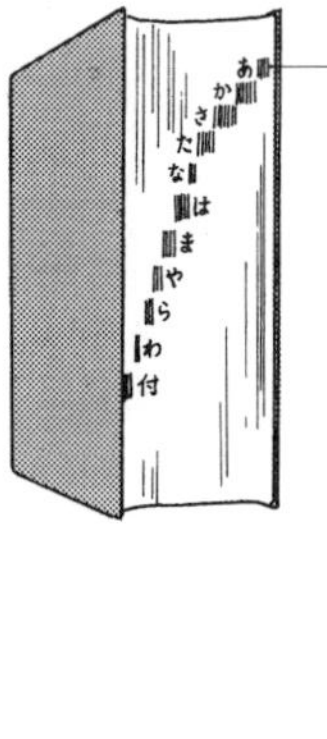

つめ

「あ」のところには「あ行《ぎょう》（あ・い・う・え・お）」ではじまる言葉《ことば》がのっています。

① えがお → あ のつめ

② せかい → さ のつめ

③ みぶり → ま のつめ

④ ゆかた → や のつめ

58頁

国語辞典《こくごじてん》を使《つか》おう (2)

名前

● つぎの言葉《ことば》を調《しら》べます。国語辞典《こくごじてん》でならんでいる順《じゅん》に、1・2や1・2・3と番号《ばんごう》を書《か》きましょう。
（言葉《ことば》は五十音順《ごじゅうおんじゅん》（「あいうえお」の順《じゅん》）に、ならんでいます。）

① あひる（1）　かもめ（2）

② たいいく（2）　おんがく（1）

③ にんじん（2）　かぼちゃ（1）

④ うれしい（1）　たのしい（2）

⑤ きりん（1）　ひつじ（3）　しまうま（2）

⑥ たこ（3）　あざらし（1）　かめ（2）

59頁

国語辞典《こくごじてん》を使《つか》おう (3)

名前

● つぎの言葉《ことば》は一字目《いちじめ》が同《おな》じ音《おん》です。二字目《にじめ》を見《み》て調《しら》べましょう。国語辞典《こくごじてん》で出《で》てくる順《じゅん》に、1・2や1・2・3と番号《ばんごう》を書《か》きましょう。

① かえる（1）　かに（2）

② さいふ（1）　さつまいも（2）

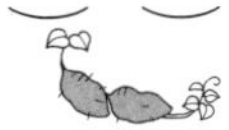

③ ほん（2）　ほうせき（1）

④ あさがお（1）　あり（2）

⑤ いす（1）　いぬ（3）　いと（2）

⑥ たぬき（2）　たいこ（1）　たんぼ（3）

60頁

国語《こくご》辞典《じてん》を使《つか》おう (4)

名前

(1) つぎのような音《おん》を何《なん》といいますか。下《した》からえらんで、――線《せん》でつなぎましょう。

① 「は、ひ、ふ、へ、ほ」・・・など ―― 清音《せいおん》
② 「ば、び、ぶ、べ、ぼ」・・・など ―― だく音《おん》
③ 「ぱ、ぴ、ぷ、ぺ、ぽ」・・・など ―― 半《はん》だく音《おん》

(2) 国語《こくご》辞典《じてん》では、清音《せいおん》→だく音《おん》→半《はん》だく音《おん》の順《じゅん》にならんでいます。国語《こくご》辞典《じてん》に先《さき》に出《で》てくる言葉《ことば》に○をつけましょう。

① かき（○） かぎ（ ）

② ぶた（ ） ふた（○）
③ みそ（○） みぞ（ ）
④ ポーズ（ ） ホース（○）
⑤ おんぷ（ ） おんぶ（○）

⑥ ピット（ ） ヒット（○）

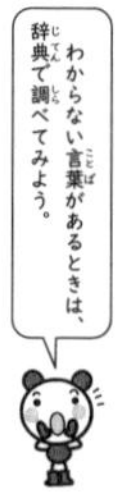

61頁

国語《こくご》辞典《じてん》を使《つか》おう (5)

名前

(1) 国語《こくご》辞典《じてん》では、大《おお》きく書《か》くかな（つ・や・ゆ・よ）→小《ちい》さく書《か》くかな（つ・や・ゆ・よ）の順《じゅん》にならんでいます。先《さき》に出《で》てくる言葉《ことば》に○をつけましょう。

① びょういん（ ） びよういん（○）

② いしゃ（ ） いしや（○）

③ おもちゃ（○） おもちや（ ）

④ じゅう（ ） じゆう（○）

(2) 国語《こくご》辞典《じてん》では、ひらがな→かたかなの順《じゅん》にならんでいます。先《さき》に出《で》てくる言葉《ことば》に○をつけましょう。

① パット（ ） ぱっと（○）

② はいく（○） ハイク（ ）

③ ぼたん（○） ボタン（ ）

④ くも（○） クモ（ ）

62頁

国語《こくご》辞典《じてん》を使《つか》おう (6)

名前

● かたかなの言葉《ことば》を読《よ》みましょう。つぎに、その音《おん》を□にひらがなで書《か》きましょう。さいごに、国語《こくご》辞典《じてん》で㋐と㋑の言葉《ことば》が先《さき》に出《で》てくるほうに、○をつけましょう。

① スープ→すうぷ
㋐ スープ（ ）
㋑ すいか（○）

② サーカス→さあかす
㋐ サーカス（○）
㋑ さかな（ ）

③ コーヒー→こおひい
㋐ コーヒー（ ）
㋑ コアラ（○）

63頁

漢字《かんじ》の音《おん》と訓《くん》 (1)

(64頁は略)

名前

● 次《つぎ》の文章《ぶんしょう》を二回《にかい》読《よ》んで、答《こた》えましょう。

> 今日《きょう》は、朝早くおきて、ゆっくり朝食をとった。
>
> 漢字《かんじ》の読《よ》み方《かた》には、「音《おん》」と「訓《くん》」があります。「朝」をれいに見《み》てみましょう。
>
> 朝　(音《おん》) チョウ　朝食《ちょうしょく》　早朝《そうちょう》
> 　　(訓《くん》) あさ　朝《あさ》　朝顔《あさがお》
>
> 「チョウ」のような「音《おん》」は、聞《き》いただけでは意味《いみ》の分《わ》かりにくいものが多《おお》く、「あさ」のような「訓《くん》」には、聞《き》いてすぐに意味《いみ》の分《わ》かるものがたくさんあります。

（令和二年度版　光村図書　国語　三上　わかば　「漢字の音と訓」による）

(1) 「朝早く」と「朝食」の漢字《かんじ》の読《よ》み方《かた》を、□にひらがなで書《か》きましょう。

① 朝早く　（あさはや）く
② 朝食　ちょうしょく

(2) （ ）にあてはまる言葉《ことば》を書《か》きましょう。

漢字《かんじ》の読《よ》み方《かた》には、「音」と「訓」があります。

(3) 次《つぎ》の①・②の文章《ぶんしょう》は、「音《おん》」と「訓《くん》」のどちらの読《よ》み方《かた》の説明《せつめい》ですか。（ ）に「音《おん》」には「お」、「訓《くん》」には「く」と、書《か》きましょう。

① （く）聞《き》いてすぐに意味《いみ》のわかるものがたくさんある。
② （お）聞《き》いただけでは意味《いみ》の分《わ》かりにくいものが多《おお》い。

解答例

本書の解答は，あくまでもひとつの例です。児童に取り組ませる前に，必ず指導される方が問題を解いてください。指導される方の作られた解答をもとに，児童の多様な考えに寄り添って○つけをお願いします。

65頁（66頁は略）

漢字《かんじ》の音《おん》と訓《くん》 (3)

名前

● 下《した》の文《ぶん》の—の漢字《かんじ》の（　）に、その漢字《かんじ》の読《よ》み方《かた》を上《うえ》の音と訓からえらんで書《か》きましょう。

① 山　音 サン　訓 やま
ふじ山㋐には、山㋑小屋《ごや》がある。
㋐（サン）㋑（やま）

② 水　音 スイ　訓 みず
水㋐泳《えい》教室《きょうしつ》のプールの水㋑はつめたい。
㋐（スイ）㋑（みず）

③ 近　音 キン　訓 ちかい
いちばん近㋐いえきは学校《がっこう》の近㋑じょだ。
㋐（ちか）㋑（キン）

④ 小　音 ショウ　訓 ちいさい
小㋐数《すう》を使《つか》って小㋑さい数《かず》を数《かぞ》える。
㋐（ショウ）㋑（ちい）

⑤ 話　音 ワ　訓 はなし
先生《せんせい》と電《でん》話㋐で学校《がっこう》の話㋑をした。
㋐（ワ）㋑（はなし）

67頁（68頁は略）

漢字《かんじ》の音《おん》と訓《くん》 (5)

名前

● 下《した》の文《ぶん》の—の漢字《かんじ》の（　）に、その漢字《かんじ》の読《よ》み方《かた》を上《うえ》の音と訓からえらんで書《か》きましょう。

① 切　音 セツ　訓 きる
大《たい》切㋐なリボンを半分《はんぶん》に切㋑る。
㋐（セツ）㋑（き）

② 楽　音 ガク　訓 たのしい
楽㋐しい曲《きょく》をえんそうする楽㋑だん。
㋐（たの）㋑（ガク）

③ 回　音 カイ　訓 まわす
ハンドルを回㋐してタイヤを回㋑てんさせる。
㋐（まわ）㋑（カイ）

④ 道　音 ドウ　訓 みち
この坂《さか》道㋐をのぼると歩《ほ》道㋑がある。
㋐（みち）㋑（ドウ）

⑤ 氷　音 ヒョウ　訓 こおり
海《うみ》の氷㋐が流《なが》れ出《で》たものを流《りゅう》氷㋑という。
㋐（こおり）㋑（ヒョウ）

69頁（70頁は略）

漢字《かんじ》の音《おん》と訓《くん》 (7)

名前

● 下《した》の文《ぶん》の—の漢字《かんじ》の（　）に、その漢字《かんじ》の読《よ》み方《かた》を上《うえ》の音と訓からえらんで書《か》きましょう。

① 馬　音 バ　訓 うま
馬㋐車《しゃ》を馬㋑が引《ひ》く。
㋐（バ）㋑（うま）

② 店　音 テン　訓 みせ
父《ちち》はこの店㋐の店㋑長《ちょう》だ。
㋐（みせ）㋑（テン）

③ 教　音 キョウ　訓 おしえる
教㋐科《か》書《しょ》の問《もん》題《だい》を教㋑えてもらう。
㋐（キョウ）㋑（おし）

④ 海　音 カイ　訓 うみ
海㋐をわたって来《き》た海㋑外《がい》の人《ひと》たち。
㋐（うみ）㋑（カイ）

⑤ 星　音 セイ　訓 ほし
星㋐空《ぞら》をながめていると流《りゅう》星㋑が流《なが》れた。
㋐（ほし）㋑（セイ）

71頁（72頁は略）

漢字《かんじ》の音《おん》と訓《くん》 (9)

名前

● 下《した》の文《ぶん》の—の漢字《かんじ》の（　）に、その漢字《かんじ》の読《よ》み方《かた》を上《うえ》の音と訓からえらんで書《か》きましょう。

① 相　音 ソウ　訓 あい
きょうそう相㋐手《て》の相㋑談《だん》にのる。
㋐（あい）㋑（ソウ）

② 晴　音 セイ　訓 はれ
あしたは晴㋐れ、晴㋑天《てん》だそうだ。
㋐（は）㋑（セイ）

③ 炭　音 タン　訓 すみ
木《もく》炭㋐を使《つか》って炭㋑火《び》やきを作《つく》る。
㋐（タン）㋑（すみ）

④ 生　音 セイ　訓 いきる
イルカは海《うみ》で生㋐きる動物《どうぶつ》だと先《せん》生㋑が言《い》った。
㋐（い）㋑（セイ）

⑤ 食　音 ショク　訓 たべる
食㋐どうで、うどんを食㋑べる。
㋐（ショク）㋑（た）

73頁 （74頁は略）

漢字《かんじ》の音《おん》と訓《くん》 (11)

名前

● 下《した》の文《ぶん》の—の漢字《かんじ》の（　）に、その漢字《かんじ》の読《よ》み方《かた》を上《うえ》の音と訓からえらんで書《か》きましょう。

① 命　音 メイ　訓 いのち
命の大切《たいせつ》さを知ってきゅう命のしごとをする。
㋐（いのち）　㋑（メイ）

② 庭　音 テイ　訓 にわ
中庭《なかにわ》から校庭《こうてい》に、いすを持《も》って行《い》く。
㋐（にわ）　㋑（テイ）

③ 見　音 ケン　訓 みる
空《そら》を見ているときに、星《ほし》を発見《はっけん》した。
㋐（み）　㋑（ケン）

④ 虫　音 チュウ　訓 むし
虫めがねを使《つか》ってこん虫をかんさつする。
㋐（むし）　㋑（チュウ）

⑤ 写　音 シャ　訓 うつす
写本《しゃほん》を写してべん強《きょう》をする。
㋐（シャ）　㋑（うつ）

75頁 （76〜78頁は略）

漢字《かんじ》の音《おん》と訓《くん》 (13)
—送《おく》りがな—

名前

(1) つぎの文《ぶん》を読《よ》みましょう。□にあてはまる言葉《ことば》を後《あと》の（　）からえらんで書きましょう。

漢字《かんじ》を「訓《くん》」で読《よ》むときには、「送りがな」が、ひつような場合《ばあい》があります。

㋐ ひらがなを、弟《おとうと》に教《おし》える。
㋑ 漢字を、兄《あに》から教《おそ》わる。

㋐と㋑は「教」という字《じ》を使《つか》っていますが、「教《おし》える」と「教《おそ》わる」では、文《ぶん》の意味《いみ》がちがいます。

「送りがな」は、漢字の 読み方 や、意味 をはっきりさせるはたらきがあります。

（意味《いみ》　読《よ》み方《かた》　送《おく》りがな）

(2) 次《つぎ》の文《ぶん》の□に、下《した》の□からえらんで、送《おく》りがなを書《か》きましょう。

①
スープをなべで温《あたた》 める 。
ふとんの中《なか》は、温《あたた》 かい 。
（かい　める）

②
台風《たいふう》で風《かぜ》が、強《つよ》 める 。
親子《おやこ》のつながりを、強《つよ》 かい 。
（まる　める）

③
おやつを妹《いもうと》と分《わ》 ける 。
先生《せんせい》のせつめいは、よく分《わ》 かる 。
（かる　ける）

79頁

手紙《てがみ》の書《か》き方《かた》・あて名《な》の書き方《かた》 (4)
—あて名《な》の書き方《かた》—

名前

● はがきの①〜⑥には、何《なに》を書《か》きますか。□からえらんで□に書きましょう。

（はがき　おもて）
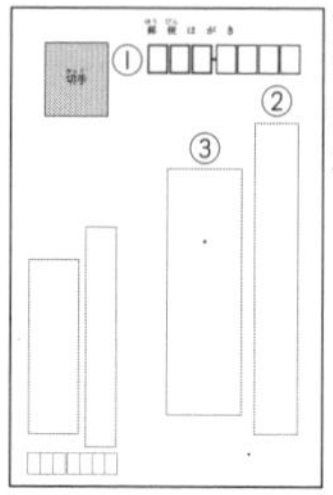

① 相手《あいて》の ゆうびん番号
② 相手《あいて》の 住所
③ 相手《あいて》の 名前

住所《じゅうしょ》　名前《なまえ》　ゆうびん番号《ばんごう》

（はがき　おもて）
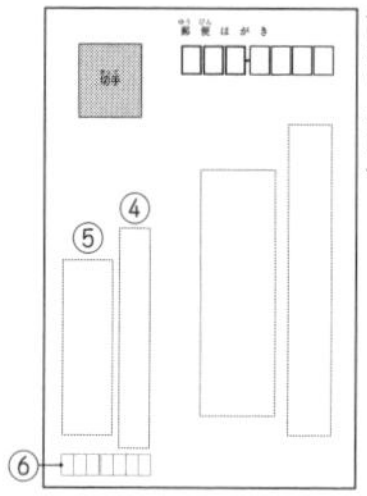

④ 書《か》いた人《ひと》の 住所
⑤ 書《か》いた人《ひと》の 名前
⑥ 書《か》いた人《ひと》の ゆうびん番号

住所《じゅうしょ》　名前《なまえ》　ゆうびん番号《ばんごう》

80頁 （81〜85頁は略）

手紙《てがみ》の書《か》き方《かた》・あて名《な》の書き方《かた》 (5)
—あて名《な》の書き方《かた》—

名前

● ふうとうの①〜⑥には、何《なに》を書《か》きますか。□からえらんで□に書きましょう。

（ふうとう　おもて）
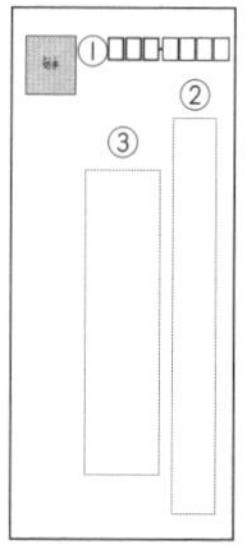

① 相手《あいて》の ゆうびん番号
② 相手《あいて》の 住所
③ 相手《あいて》の 名前

住所《じゅうしょ》　名前《なまえ》　ゆうびん番号《ばんごう》

（ふうとう　うら）
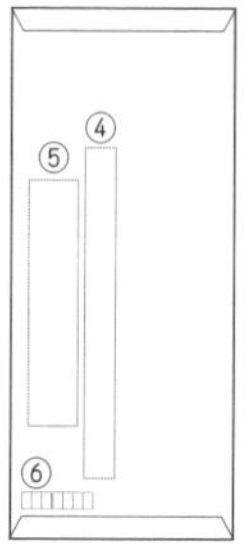

④ 書《か》いた人《ひと》の 住所
⑤ 書《か》いた人《ひと》の 名前
⑥ 書《か》いた人《ひと》の ゆうびん番号

住所《じゅうしょ》　名前《なまえ》　ゆうびん番号《ばんごう》

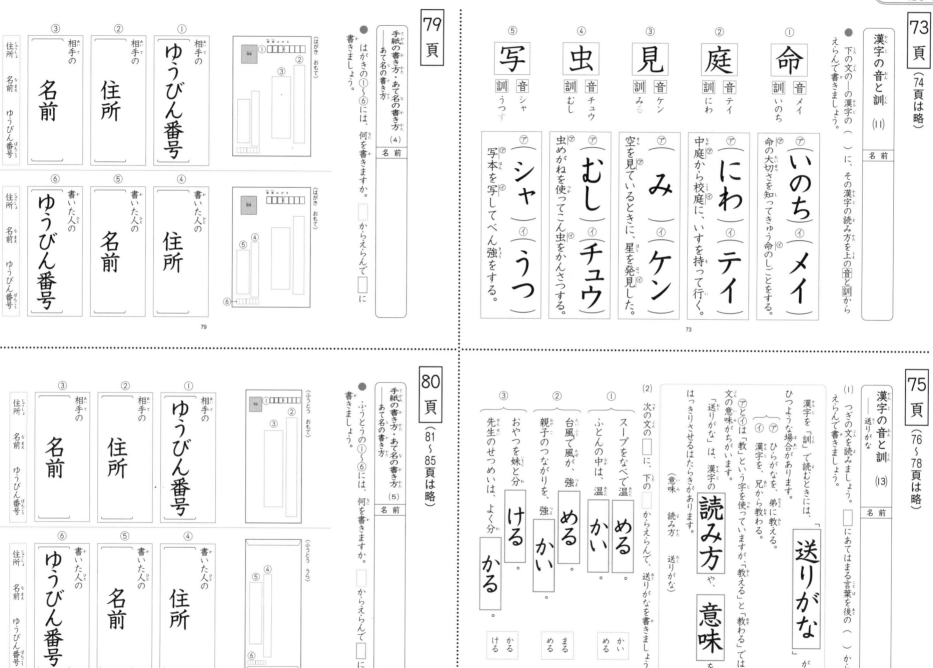

解答例

本書の解答は，あくまでもひとつの例です。児童に取り組ませる前に，必ず指導される方が問題を解いてください。指導される方の作られた解答をもとに，児童の多様な考えに寄り添って○つけをお願いします。

86頁

こそあど言葉《ことば》 (4)

名前

● つぎの文《ぶん》から「こそあど言葉《ことば》」を見《み》つけて――線《せん》をひきましょう。□に見つけた言葉《ことば》を書《か》きましょう。

① あれが ぼくの 家《いえ》です。 【あれ】

② その 絵《え》は、先生《せんせい》が かいた 絵《え》だ。 【その】

③ あの すべり台《だい》で あそぼう。 【あの】

④ どれが あなたの かさですか。 【どれ】

⑤ そこに ある くつを はいて みます。 【そこ】

⑥ 黒《くろ》い ねこは、どこに いったのかな。 【どこ】

87頁

こそあど言葉《ことば》 (5)

名前

● つぎの文《ぶん》から「こそあど言葉《ことば》」を見《み》つけて――線《せん》をひきましょう。□に見つけた言葉《ことば》を書《か》きましょう。

① ボールは こちらに かたづけましょう。 【こちら】

② こんな かばんが ほしいです。 【こんな】

③ あちらに 見《み》えるのが スカイツリーです。 【あちら】

④ アフリカには どんな 動物《どうぶつ》が いるのかな。 【どんな】

⑤ あそこの 店《みせ》の カレーは おいしいです。 【あそこ】

⑥ 白《しろ》い犬《いぬ》が そちらに 向《む》かって 走《はし》って いきます。 【そちら】

88頁 (89頁は略)

こそあど言葉《ことば》 (6)

名前

● つぎの文にあてはまる「こそあど言葉《ことば》」を○でかこみましょう。

① {(どう)・あちら・その} したら、月《つき》に行《い》けるのだろうか。

② おばあちゃんは、{どれ・そう・(この)} 町《まち》に住《す》んでいます。

③ {どの・(あの)・どんな} 公園《こうえん》には、あひるがいます。

④ {どちら・(その)・あの} うで時計《どけい》をかしてください。

90頁

漢字《かんじ》の組《く》み立《た》て (2)
――へんとつくり

名前

● つぎの漢字《かんじ》の「へん」の部分《ぶぶん》を○でかこみましょう。「へん」の名前《なまえ》を□に書《か》きましょう。同《おな》じ「へん」を使《つか》った漢字《かんじ》を下《した》の□からえらんで○をつけましょう。

	漢字	へんの名前	えらぶ漢字
①	休	にんべん	(住)　池
②	柱	きへん	休　(横)
③	池	さんずい	(泳)　住
④	語	ごんべん	(調)　細
⑤	細	いとへん	晴　(終)
⑥	晴	ひへん	(明)　語

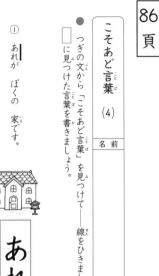

91頁

漢字《かんじ》の組《く》み立《た》て (3)
——へんとつくり

名前

● つぎの漢字《かんじ》の「へん」の部分《ぶぶん》を○でかこみましょう。「へん」の名前《なまえ》を□からえらんで□に書《か》きましょう。同《おな》じ「へん」を使《つか》った漢字《かんじ》を下《した》の□からえらんで○をつけましょう。

さんずい　きへん　にんべん

ひへん　いとへん　ごんべん

① 使（亻）　にんべん　（体）林　油
② 温（氵）　さんずい　体　林　（油）
③ 板（木）　きへん　体　（林）　油
④ 緑（糸）　いとへん　詩　暗　（紙）
⑤ 曜（日）　ひへん　詩　（暗）　紙
⑥ 話（言）　ごんべん　（詩）　暗　紙

92頁

漢字《かんじ》の組《く》み立《た》て (4)
——へんとつくり

名前

● つぎの「へん」をもつ漢字《かんじ》を□からえらんで□に書《か》きましょう。
①～④の「へん」をもつ漢字《かんじ》は、どんな事《こと》がらに関係《かんけい》がありますか。下《した》からえらんで、——線《せん》でむすびましょう。

調　港　板　作

① 言【ごんべん】　調
② 亻【にんべん】　作
③ 氵【さんずい】　港
④ 木【きへん】　板

人《ひと》に関係《かんけい》がある。

言葉《ことば》に関係《かんけい》がある。

木《き》に関係《かんけい》がある。

水《みず》に関係《かんけい》がある。

93頁

漢字《かんじ》の組《く》み立《た》て (5)
——へんとつくり

名前

● つぎの「へん」をもつ漢字《かんじ》を□からえらんで□に書《か》きましょう。
①～④の「へん」をもつ漢字《かんじ》は、どんな事《こと》がらに関係《かんけい》がありますか。下《した》からえらんで、——線《せん》でむすびましょう。

使　読　洋　植

① 言【ごんべん】　読
② 亻【にんべん】　使
③ 氵【さんずい】　洋
④ 木【きへん】　植

水《みず》に関係《かんけい》がある。

木《き》に関係《かんけい》がある。

言葉《ことば》に関係《かんけい》がある。

人《ひと》に関係《かんけい》がある。

94頁

(95頁は略)

漢字《かんじ》の組《く》み立《た》て (6)
——へんとつくり

名前

(1) つぎの漢字《かんじ》の「つくり」の部分《ぶぶん》を○でかこみましょう。
「つくり」の名前《なまえ》を□からえらんで□に書《か》きましょう。

① 頭（頁）　おおがい
② 動（力）　ちから

ちから　おおがい

(2) つぎの「つくり」をもつ漢字《かんじ》を、□からえらんで□に書《か》きましょう。
この「つくり」をもつ漢字《かんじ》は、どんな事《こと》がらに関係《かんけい》がありますか。
下《した》からえらんで——線《せん》でむすびましょう。

顔　助

① 頁【おおがい】　顔
② 力【ちから】　助

力《ちから》のはたらきに関係《かんけい》がある。

頭部《とうぶ》に関係《かんけい》がある。

解答例

本書の解答は，あくまでもひとつの例です。児童に取り組ませる前に，必ず指導される方が問題を解いてください。指導される方の作られた解答をもとに，児童の多様な考えに寄り添って○つけをお願いします。

96頁 （97～106頁は略）

漢字《かんじ》の組《く》み立《た》て (8)
——部首《ぶしゅ》

名前

● 部首《ぶしゅ》には，「へん」や「つくり」のほかに，つぎのようなものがあります。□からえらんで□に部首《ぶしゅ》を書《か》きましょう。その部首《ぶしゅ》を使《つか》った漢字《かんじ》を下《した》の□からえらんで○をつけましょう。

① かんむり　（答）　店
② あし　返　（想）
③ かまえ　（園）　答
④ にょう　想　（返）
⑤ たれ　園　（店）

かんむり　にょう　かまえ　たれ　あし

96

107頁

ローマ字《じ》 (11)
読《よ》んでみよう

名前

● つぎのローマ字《じ》を，読《よ》みましょう。読《よ》み方《かた》をひらがなで書《か》きましょう。

(1) Kyôto-hu
きょうとふ

(2) Okinawa-ken
おきなわけん

(3) Hokkaidô
ほっかいどう

(4) NIPPON
にっぽん

(5) TÔKYÔ
とうきょう

(6) Huzisan
ふじさん

(7) Yamada Yôko
やまだ　ようこ

(8) Suzuki Kenta
すずき　けんた

107

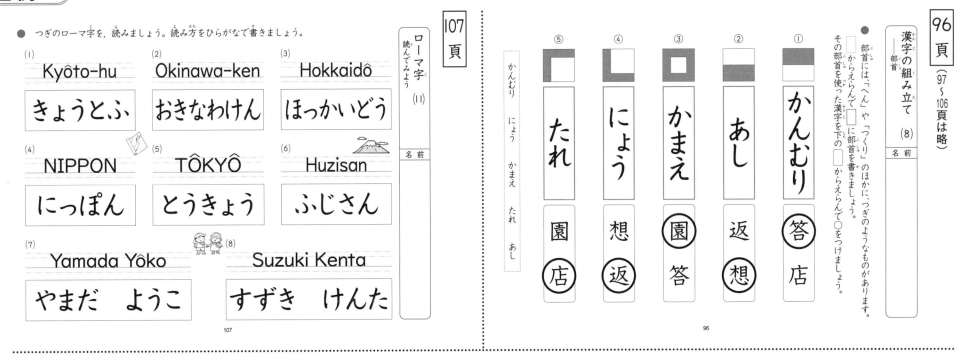

JASRAC 出 2208393-201「夕日がせなかをおしてくる」

喜楽研の支援教育シリーズ
もっと　ゆっくり　ていねいに学べる
個別指導に最適
読解ワーク 基礎編 3-①
光村図書・東京書籍・教育出版の
教科書教材などより抜粋

2023 年 3 月 1 日

イ ラ ス ト：山口　亜耶　他
表紙イラスト：山口　亜耶
表紙デザイン：エガオデザイン
企 画 ・ 編 著：原田　善造・あおい　えむ・今井　はじめ・さくら　りこ
中　あみ・中　えみ・中田　こういち・なむら　じゅん
はせ　みう・ほしの　ひかり・堀越　じゅん・みやま　りょう（他４名）
編 集 担 当：堀江　優子

発　行　者：岸本　なおこ
発　行　所：喜楽研（わかる喜び学ぶ楽しさを創造する教育研究所：略称）
〒604-0827　京都府京都市中京区高倉通二条下ル瓦町 543-1
TEL 075-213-7701　FAX 075-213-7706　HP https://www.kirakuken.co.jp
印　　　刷：株式会社米谷

ISBN : 978-4-86277-413-2

Printed in Japan